COURS

D'HISTOIRE

MODERNE

POUR LA JEUNESSE

PAR

Madame EUGÉNIE D'ORGEVAL-DUBOUCHET

BOURG-EN-BRESSE

FRANCISQUE MARTIN-BOTTIER

Libraire-Éditeur

1877

COURS

D'HISTOIRE MODERNE

POUR LA JEUNESSE

Bourg, imprimerie J.-M. VILLEFRANCHE, place d'Armes, 1.

COURS
D'HISTOIRE

MODERNE

POUR LA JEUNESSE

PAR

Madame EUGÉNIE D'ORGEVAL-DUBOUCHET

BOURG-EN-BRESSE

FRANCISQUE MARTIN-BOTTIER
Libraire-Éditeur

—

1877

A mes chers Petits-Enfants

Maurice, Pierre, Ludovic, Henri d'Orgeval-
Dubouchet

ET

Louis, Blanche, Nelly, Mélanie Dumalle.

———

Mes Petits-Enfants bien aimés,

C'est à vous que je veux dédier ce livre, fait
pour l'éducation de mes chers enfants, Aline et
Gustave. J'espère qu'il vous sera utile : il com-
pose un abrégé des histoires d'Allemagne, d'Angleterre, d'Espagne, de Naples, de Sicile, de
Portugal et de Savoie. L'étude de l'histoire m'a
toujours paru une des plus intéressantes et des
plus nécessaires à l'homme. C'est le grand livre
de l'humanité, de ses faiblesses, de ses défail-
lances, de ses progrès, de ses travaux, de ses
gloires. L'histoire et les lettres élèvent, puri-
fient et consolent les cœurs. L'homme y trouve
des exemples sublimes et puissants, elles lui

font aimer la religion, la vertu, le travail, seule
route du bonheur ici-bas. Et lorsque tout lui
échappe, affection, fortune, jeunesse, elles peuvent encore embellir sa vieillesse et lui restent
comme de fidèles amies. L'histoire est inflexible,
sévère, équitable; elle conserve avec la même
justice le souvenir des mauvais rois, des peuples
révoltés et corrompus, que celui des grandes
actions des héros et des peuples vertueux.

J'ai retracé surtout avec un doux attrait, l'histoire de la Savoie où vos ancêtres prirent naissance. Vous y trouverez une longue suite de souverains justes, bons, aimant leurs sujets, appuis
de l'Eglise et sachant allier la gloire du conquérant à celle du législateur.

Je n'ai point écrit dans le même but (celui
de faciliter mes leçons à mes enfants) l'histoire de
France, parce que j'avais d'excellents abrégés à
ma disposition; cependant je veux, mes bons petits amis, que vous l'aimiez entre toutes, cette
belle histoire qui vous apprendra, comme elle
l'a fait à tous les membres de votre famille, à
beaucoup aimer votre patrie, sa gloire et ses
rois. Ces rois ont fait la France, grande, puissante, respectée, lui ont donné de sages lois,
de grands exemples, et ont toujours pro-
tégé les sciences, les lettres, les arts qui ap-

portent à l'homme tant de paix, de bien-être et d'enchantement pour l'esprit et le cœur.

Plusieurs d'entre vous sont bien jeunes et de longtemps ne liront pas mon livre ; mais plus tard, je l'espère, il pourra vous être utile, et d'autres encore que j'ai écrits en pensant à ceux que j'ai tant aimés et qui sont dans le sein de Dieu, à ceux que j'aime ici-bas et que Dieu m'a donnés dans sa miséricorde, enfants, parents et amis. Partout j'ai mis un peu de mon cœur, de mes affections, de mes souvenirs.

J'appelle en finissant cette épître, toutes les bénédictions du Ciel sur vos petites têtes blondes; puissiez-vous donner à vos parents tout le bonheur que m'ont donné toujours mes enfants.....

Votre grand'mère qui vous chérit tous,

Eugénie D'ORGEVAL-DUBOUCHET,
née ALIROT.

Château de Vongnes, 6 juillet 1877.

soit, il n'eut pas plutôt reçu la couronne, qu'il prit toutes les mesures nécessaires pour la conserver, au milieu des princes puissants, qui voulaient se rattacher au roi de France, Charles-le-Simple.

Erchanger et Berthold, deux seigneurs de la Cour, levèrent même l'étendard de la révolte ; mais, trouvant bientôt l'entreprise au-dessus de leurs forces, ils implorèrent la clémence de l'Empereur. Conrad voulant faire un exemple terrible, les livra tous deux au fer du bourreau. Les ducs de Lorraine et de Souabe, aidés des secours de Charles-le-Simple, attaquèrent également la puissance impériale et payèrent de leur vie leur rébellion.

Après un règne de sept ans, Conrad sentant que sa fin approchait, recommanda aux princes de l'empire, Henri de Saxe comme le prince le plus digne de lui succéder, quoiqu'il eût été son plus ardent ennemi.

HENRI Ier, DIT L'OISELEUR

919-936

Le premier soin d'Henri fut d'effectuer une réconciliation sincère parmi tous les princes, nobles et comtes d'Allemagne ; il ne fut point trompé dans son espérance et parvint à faire régner dans ses états une paix profonde.

Henri s'empara ensuite de la Lorraine et pour purger ses domaines des voleurs et des bandits, il publia une amnistie générale en leur faveur, pourvu qu'ils voulussent s'enrôler dans ses troupes. Il entreprit ensuite la conversion du roi des Aborites et nomma des évêques pour travailler à celle des Vandales.

L'Empereur institua ensuite des tournois pour apprendre le métier de la guerre à sa jeune noblesse ; il défendit à tous les chevaliers qui ne professaient pas la religion chrétienne, d'en faire partie. Henri jouissait en paix du fruit de ses travaux, lorsque le Pape et les citoyens romains, fatigués des guerres civiles, implorèrent son secours pour les délivrer de l'oppression. Le Pape l'invita à venir recevoir à Rome, l'onction sainte et la couronne impériale. L'Empereur partait pour ce double projet lorsqu'il fut atteint d'une attaque de paralysie. Il assembla les princes de l'Empire qui, d'après ses désirs, assurèrent son héritage au prince Othon, son fils aîné. Henri laissa la réputation d'un prince sage, d'un grand politique et du souverain le plus habile de son temps. Il fut très-libéral en faveur des églises, et fonda grand nombre d'abbayes. Il eut de son mariage avec Mathilde d'Oldenbourg, mise au nombre des saintes, trois fils : Othon, Henri et Bruno.

Son surnom de l'*Oiseleur* lui était venu de ce qu'on le trouva à la chasse aux oiseaux, lorsqu'on vint lui offrir la couronne.

OTHON Ier, DIT LE GRAND
936-973

Quand bien même, les princes d'Allemagne n'auraient pas été disposés en faveur d'Othon, le grand pouvoir dont il héritait et son courage entreprenant les auraient obligés à tenir la promesse qu'ils avaient faite en sa faveur. Il fut donc élu à Aix-la-Chapelle, du consentement de tous les princes de l'Empire. On nous a conservé des récits magnifiques de son sacre fait par vingt-quatre archevêques.

Il mit, dès le commencement de son règne, la plus grande justice dans son administration ; se montrant l'ennemi de toutes sortes de bassesses ; mais, le calme ne fut pas de longue durée. Les Hongrois envahirent la Franconie, ravagèrent la Saxe, et passèrent au fil de l'épée beaucoup de monde, sans distinction d'âge, ni de sexe. Cependant Othon ayant appris que Venceslas, roi de Hongrie, venait d'être assassiné par son frère Boleslas, fit un affreux carnage des Hongrois, qui s'engagèrent contre l'Empereur, dans une guerre qui dura quatorze ans. Othon soutint ces longs démêlés avec courage et persévérance, jusqu'au moment de sa victoire complète sur Boleslas qui le reconnut pour son suzerain.

Le duc de Lorraine ayant persuadé à ses sujets de se soumettre à Louis d'Outremer, roi de France,

HISTOIRE D'ALLEMAGNE

NOMS

DES EMPEREURS ET DES IMPÉRATRICES D'ALLEMAGNE

Dynastie de Franconie.

912. Conrad Ier. — Giselle de France.

Dynastie saxonne.

919. Henri Ier, dit l'Oiseleur. — Sainte Mathilde
  d'Oldenbourg.

936. Othon Ier, dit le Grand. — Editha d'Angleterre ; Adélaïde, veuve de Lothaire, roi
  des Lombards.

973. Othon II, dit le Sanguinaire. — Théophémie,
  fille de l'empereur grec.

983. Othon III, dit l'Enfant, puis la Merveille du
  monde.

1002. Henri II, dit le Saint. — Sainte Cunégonde
  de Luxembourg.

1024. Conrad II, dit le Salique. — Giselle de Souabe.

1039. Henri III, dit le Noir. — Agnès de Poitou.

1056. Henri IV, dit le Grand. — Berthe de Tyrol.

1106. Henri V, dit le Jeune. — Mathilde de Saxe.

Dynastie de Souabe.

1125. Lothaire II. — Thérèse de Bavière.

1137. Conrad III. — Judith de Souabe.
1152. Frédéric Ier, dit Barberousse. — Adélaïde de Saxe; Béatrix de Thuringe.
1190. Henri VI, dit le Néron. — Constance de Naples.
1197. Philippe.
1208. Othon IV. — Béatrix de Souabe.
1218. Frédéric II, dit le Belliqueux. — Isabelle de Bohême; Yolande de Lusignan; Béatrix de Bourgogne.
1250. Conrad IV.
Interrègne.

Dynastie de Hapsbourg.

1273. Rodolphe Ier. — Anne de Hochberb.

Dynastie de Nassau.

1292. Adolphe de Nassau. — Hedwige de Hesse.

Dynastie de Saxe.

1298. Albert, dit le Grand. — Elisabeth de Saxe.

Dynastie de Luxembourg.

1308. Henri VII. — Marguerite de Brabant.

Dynastie de Bavière.

1314. Louis Ier. — Marie de Brabant.
1347. Charles IV, de Bohême — Blanche de Valois; Agnès, fille de Robert, comte palatin; Eléonore de Hanovre.

Dynastie de Luxembourg.

1378. Venceslas. — Jeanne de Bavière ; Sophie de
      Bavière.
1400. Robert-le-Débonnaire. — Elisabeth de Nu-
      remberg.
1400. Sigismond. — Marie de Hongrie ; Elisabeth
      de Hesse et Barbara de Léden.
1432. Albert II. — Blanche de Luxembourg, fille
      de Sigismond.

Dynastie d'Autriche.

1440. Frédéric III, dit le Pacifique. — Eléonore de
      Portugal.
1493. Maximilien. — Marie de Bourgogne.
1537. Charles V, roi d'Espagne et empereur. —
      Isabelle de Portugal.
1556. Ferdinand Ier — Anne de Hongrie.
1564. Maximilien II. — Marie de Saxe.
1576. Rodolphe II.
1612. Mathias. — Anne-Catherine d'Autriche.
1617. Ferdinand II. — Eléonore de Mantoue.
137.6 Ferdinand III. — Marie-Anne d'Espagne ;
      Léopoldine d'Autriche.
1658. Léopold Ier — Marie-Thérèse-Charlotte d'Es-
      pagne.
1705. Joseph Ier. — Eléonore de Brunswick.
1711. Charles VI. — Eléonore d'Autriche.
1740. Marie-Thérèse. — François-Etienne de Lor-
      raine.

Dynastie de Lorraine.

1765. Joseph II.—Elisabeth de Parme ; Marie-Antoinette de Bavière.

1790. Léopold II. — Marie-Louise d'Espagne.

1792. François II. — Elisabeth de Wurtemberg

Othon fit un traité avec Herbert, duc de Verman-
dois, et investit la ville de Brissac. Louis ayant
perdu l'estime de ses sujets par son orgueil et
son indiscrétion, tâcha de s'unir avec l'Empereur
par les liens de la parenté, en épousant Gerberge
sa sœur. Mais cet espoir ne fut pas de longue durée
l'Empereur ayant obligé Louis de se retirer de la
Champagne, reçut à Langres, les hommages de
ses confédérés ; leur ardeur fut cependant bientôt
refroidie, par la mort d'Herbert, et tous conspirèrent contre la vie de l'Empereur, qui les fit décapiter sans exception. Henri, frère d'Othon, accusé
de félonie, fut enfermé au château d'Yugeltaine,
d'où s'étant échappé, il se prosterna pieds nus, aux
genoux de l'Empereur, le jour de Noël à la messe
de minuit à Francfort, et son frère lui pardonna.

Cependant l'Empereur, à la sollicitation de sa
mère, ayant donné le duché de Bavière à son frère
Henri, marcha au secours du roi de France contre
son puissant compétiteur, Hugues Capet. Après avoir
obtenu de grands succès en France, Othon fit une
chute de cheval, qui mit sa vie en danger ; il nomma
alors Ludolphe, son fils aîné, pour son successeur.
Plus tard étant revenu à la santé, il épousa Alix,
veuve de Lothaire, roi d'Italie ; et Ludolphe, en
haine de ce second mariage, leva contre son père
l'étendard de la révolte. L'Empereur poursuivit ce
fils rebelle jusqu'à Ratisbonne, dont il entreprit le
siége. Les habitants, réduits à l'extrémité, deman-

dèrent à capituler. Les nobles ayant fait sortir le prince de la ville, Ludolphe fut se jeter aux genoux de son père, qu'il trouva dans un bois, et baignant ses pieds de ses larmes il s'écria : « Je viens à vous, mon père, comme l'enfant prodigue au sien; ayez pitié de votre fils. »

L'Empereur surpris et attendri lui accorda son pardon, et l'infortuné Ludolphe mourut deux jours après de ses blessures. Othon reçut un ambassadeur d'Abdérame, roi des Maures de Cordoue, pour le féliciter de ses victoires, et un autre de la part d'Hélène, reine des Russes qui lui demandait des missionnaires pour convertir ses sujets à la foi chrétienne. Au milieu des fêtes qu'on offrait aux ambassadeurs, en arrivèrent d'autres, pour implorer le secours de l'Empereur, contre Béranger, tyran de Rome, de la part du pape Jean XII. Othon fit alors venir de Bavière son fils Othon, le plus jeune de ses enfants, le bénit, le mit sous la tutelle des archevêques de Mayence et de Cologne, et marcha au secours du Pape. En arrivant à Rome, il rendit au Saint-Siége, tous les états dont l'avaient dépouillé les petits tyrans d'Italie, états donnés par Pépin et Charlemagne. Puis, l'Empereur fut couronné roi des Romains, et sacré par le Pape. Après son départ d'Italie, Jean crut devoir se liguer avec Albert, fils de Béranger, contre l'Empereur qui, indigné de sa conduite, le fit déposer par un concile, et élire Léon VIII à sa place.

Après de violents démêlés entre les deux papes, l'Empereur rétablit Jean XII, sur le trône pontifical, à la mort de Léon et établit dans Rome, une police sévère. Othon entra ensuite en négociation avec Nicéphore Phocas, empereur grec, et fit épouser à son fils, Théophémie, sa fille. L'Empereur mourut en Saxe, d'une attaque d'apoplexie, après un règne de trente ans, pendant lequel il donna des preuves d'un grand courage et d'une générosité sans bornes. Othon avait épousé Editha, fille d'Edward, roi d'Angleterre, dont il eut Ludolphe ; et Adélaïde, reine de Lombardie, dont il eut Othon II. L'Impératrice se retira dans une abbaye, où elle acquit une grande réputation de sainteté.

OTHON II, DIT LE SANGUINAIRE

973-983

Othon dit le sanguinaire, à cause de la grande quantité de sang, qui se répandit sous son règne, eut pour premier rival Henri de Bavière, son cousin germain, qu'il combattit vaillamment. Il eut ensuite à lutter contre le roi de France, puis contre les Grecs pour leur reprendre la Calabre, dot de sa femme Théophanie. Les habitants de Bénévent ayant trahi l'Empereur, Othon invita après la paix les principaux de cette ville à un banquet splendide, et au dessert les fit mettre à mort. Acte de barbarie, indigne d'un prince chrétien. Il mourut à l'âge de 42 ans, d'un flux de sang, occasionné par les chagrins que lui donnait la conduite criminelle de Théophanie.

OTHON III, DIT L'ENFANT
PUIS LA MERVEILLES DU MONDE
983-1002

Othon n'avait que dix ans, lorsqu'il succéda à son père, c'est pour cette raison qu'on 'l'appela l'Enfant. A l'âge de discrétion, il visita toutes les villes d'Allemagne, et fit de grandes générosités dans les couvents. Il fit aussi des lois admirables pour la réforme d'un peuple qui était encore dans l'enfance de la civilisation. Il remporta ensuite de grandes victoires sur les Suédois et sur Crescentius, tyran de Rome, qui venait de faire emprisonner le pape Jean. Le jeune Empereur envoya sa mère Théophanie à la tête d'un nombreux corps d'armée ; et comme l'Impératrice avait de l'esprit et de l'éloquence, elle trouva le moyen de pacifier les choses et de tenir les Romains dans le devoir jusqu'à sa mort, qui arriva deux ans après à Florence. Son corps fut rapporté à Cologne avec une grande pompe.

De nouveaux démêlés, toujours fomentés par Crescentius, s'étant élevés à Rome, l'Empereur accourut pour châtier un antipape, qui avait dépossédé Grégoire V. Il le fit jeter du haut du château St Ange, et Crescentius fut promené dans Rome, sur une mule, dont il tenait la queue, et pendu avec ses complices. L'Empereur fit élire pour succéder à Grégoire, mort peu après, le célèbre Gerbert, ancien précepteur de Robert, roi de France, archevêque de Reims, qui prit le nom de Sylvestre II. Othon fut empoisonné à l'âge de trente-cinq ans, avec une paire de gants que lui envoya une veuve romaine, qu'il refusait d'épouser malgré sa promesse. Il mourut sans s'être marié, et fut enterré à Aix-la-Chapelle.

HENRI II, DIT LE SAINT
1002-1024

Othon étant mort sans postérité, trois compétiteurs, ses parents, revendiquèrent l'empire. Henri, duc de Bavière, eut la préférence. Sacré à Aix-la-Chapelle, il épousa la même année, Cunégonde fille du premier comte de Luxembourg.

Après avoir étouffé des troubles en Lombardie, Henri poursuivit avec vigueur la guerre contre la Pologne, traversa l'Oder en vainqueur et accorda la paix à leur roi Boleslas. Il assembla ensuite une diète à Cologne, pour faire justice de plusieurs évêques qui tyrannisaient les peuples. Mais tous étant venus se jeter à ses pieds, Henri leur fit grâce, et rentra à Prague pour se préparer à son couronnement. L'Empereur et l'Impératrice, sainte

Cunégonde furent couronnés à Rome, par Benoît VIII qui donna à Henri le titre de roi des Romains, comme l'avaient reçu ses prédécesseurs.

Au retour d'une expédition en Bohême, pour châtier Bernard, seigneur révolté, l'Empereur eut l'affreux chagrin d'apprendre que la calomnie accusait sa pieuse épouse sainte Cunégonde d'oublier ses devoirs. La jeune Impératrice, âgée de 17 ans, demanda à subir l'épreuve du feu en présence de toute la Cour, à Aix-la-Chapelle. Par un miracle que Dieu accorda à cette âme si pure, elle en sortit triomphante, et les misérables qui avaient osé attaquer sa vertu moururent tous de mort subite. Cet événement rendit plus intime encore l'union des deux saints époux.

Les Sarrasins ayant fait une irruption en Italie, l'Empereur qui n'aspirait qu'à la paix pour faire le bonheur de son peuple, reprit cependant les armes pour les châtier. Le Pape les avait déjà vaincus lorsque l'Empereur arriva. Après avoir apaisé tous les troubles excités dans ses domaines, l'Empereur résolut de goûter en paix le fruit de ses travaux. Il eut une conférence avec le saint roi Robert de France où il se lia avec lui d'une amitié sincère. Henri mourut à l'âge de cinquante-deux ans, laissant la réputation d'un des plus grands empereurs de l'Allemagne. Il fut canonisé peu après sa mort, ainsi que sainte Cunégonde, sa femme.

C'est par lui que la Hongrie fut érigée en royaume.

CONRAD II, DIT LE SALIQUE
1024-1039

Conrad succéda à Henri, comme son neveu ; il fut surnommé Salique, du nom de Sali, petite rivière sur laquelle était bâtie la seigneurie de son père. Conrad eut à soutenir une guerre contre Etienne, roi de Hongrie, qui réclamait le duché de Bavière en vertu des droits de sa femme, sœur d'Henri II. Etienne finit par se soumettre à la force des armes, et l'Empereur ayant hérité de la Bourgogne, prenait possession de ce duché lorsque Casimir, roi de Pologne, et sa mère Richense, chassés de leurs états par des sujets rebelles, vinrent lui demander l'hospitalité. L'Empereur à son retour, se conduisit envers eux avec une grande générosité, et après les avoir rétablis sur leur trône, il célébra le mariage de son fils Henri, avec Agnès de Poitou, princesse d'une grande beauté et d'une vaste intelligence. Conrad mourut de la goutte, laissant la réputation d'un prince habile et chrétien.

HENRI III, SURNOMMÉ LE NOIR
1039-1066

Henri, fils unique de Conrad et de Giselle de Souabe, fut élu à la recommandation de son père.

Rome avait été déchirée par plusieurs factions : la première, celle des Tusculins, avait élevé Benoît IX à la papauté. Le Pontife avait été déposé par les Ptolémées qui avaient élu Sylvestre III. Mais dans l'espace de trois mois, cet antipape avait été déposé et Jean élu à sa place. Les trois papes soutenus chacun par ses partisans, résidaient l'un à St Pierre, l'autre à Ste Marie Majeure, le troisième au palais de Latran. L'Empereur vint au secours de l'Eglise, et après une diète tenue à Francfort, il fit déposer les trois papes et nommer Clément II, qui rendit la paix aux fidèles. Le Pape sacra ensuite l'Empereur et l'Impératrice Agnès de Poitou, et Henri confirma les princes normands dans la possession de la Pouille qu'ils avaient conquise sur les Grecs. Ce qui fut l'origine du royaume de Naples. Henri convoqua ensuite une diète à Cologne, et y fit proclamer son fils âgé de cinq ans, roi des Romains. Puis, sentant sa mort prochaine, il le recommanda aux bons offices de l'assemblée. Henri fut juste et pieux ; outre son fils Henri, il laissa plusieurs filles.

HENRI IV., DIT LE GRAND

1056-1106

L'éducation d'Henri fut confiée à sa mère, qui s'acquitta de ce soin avec beaucoup de zèle et de capacité. Après avoir fait déposer du Saint-Siége,

Alexandre qui y était monté sans son autorisation, Henri nomma Honorius à sa place; mais la puissance et le bon droit d'Alexandre prévalurent.

Henri donna à l'âge de vingt-quatre ans, un grand scandale à ses sujets, en voulant répudier Berthe, son épouse légitime, pour prendre une autre femme. Le Pape le somma de reprendre Berthe, fille du marquis de Tyrol, et de cesser sa vie de désordre et le crime de simonie qui régnait dans ses Etats. Henri, soit par remords, soit par politique, résolut de changer de vie, et voulait même se battre en combat singulier, avec Réginger, un de ses pages qui avait dit publiquement que l'empereur lui avait donné l'ordre de tuer le duc de Carinthie. Le combat fut décidé et le jour pris; mais au moment convenu, on ne trouva plus Réginger que l'Empereur assura avoir été enlevé par le diable.

Le cardinal Hildebrand, homme d'un vaste savoir et d'une grande fermeté, fut élu Pape à la mort d'Alexandre II, sous le nom de Grégoire VII, et commença son pontificat par de sévères réprimandes à l'Empereur, et des excommunications lancées contre les évêques et archevêques d'Allemagne, qui tous, plus ou moins, étaient coupables du crime de simonie. De nouveaux désordres de l'Empereur ayant attiré de nouvelles foudres de Rome, l'Empereur furieux envoya des légats et convoqua une assemblée d'évêques et d'ecclésiastiques à Worms, où il fut décidé que le Pape avait usurpé la chaire de saint Pierre et que l'Empereur le déposait par son autorité suprême.

Le Pape lui opposa un concile, et par sa juste fermeté, réussit à sauver l'Allemagne de l'abîme de maux dans lequel la précipitait Henri. Bientôt lui-même fut réduit à une telle extrémité, qu'il partit avec l'impératrice Berthe, pour s'humilier devant le Pape. L'Empereur arriva à Canore, place forte, où il demanda à paraître devant Grégoire qui ne le reçut qu'après lui avoir imposé un jeûne de trois jours. Henri se tenait à la porte du palais pieds nus, dans la neige. Enfin, le 23 janvier, le Pape le reçut comme un fils repentant, et lui donna l'absolution.

La paix ne fut pas de longue durée, et Grégoire irrité de nouveau contre l'Empereur, fit nommer à sa place, le prince Rodolphe, son cousin. Henri opposa alors à Grégoire un anti-pape, sous le nom de Clément III. Après avoir vaincu Rodolphe, il alla s'emparer de Rome, et y établit sur le trône pontifical l'anti-pape nommé par lui, tandis que Grégoire se retirait au château Saint-Ange.

Appelé peu après en Lombardie, l'Empereur quitta Rome, laissant le Pape prisonnier dans sa forteresse. Guichard, prince de la Pouille vint alors délivrer Grégoire et le conduisit à Salerne où il mourut, laissant la réputation de l'un des plus grands pontifes de l'Eglise. Ce fut sous son

pontificat, que la princesse Mathilde, mère
d'Henri III Plantagenet, veuve d'un prince d'Italie, laissa au Saint-Siége ses états, qui se com-
posaient du Bolonais et du Ferrarais.

A Clément III, qui fut déposé par l'Eglise, succéda Victor II, et à Victor II Urbain II, qui vint à
Clermont prêcher la première croisade, sous Philippe Ier, roi de France. L'Empereur eut ensuite
à tourner ses armes contre ses propres enfants,
Conrad d'abord, puis Henri qui prétendit que son
père étant excommunié, il était obligé de prendre
entre ses mains les rênes de l'Etat, ses sujets étant
déliés du serment de fidélité et les lois de l'Eglise
étant au-dessus de celles de la nature. Le jeune
prince ayant remporté de grands avantages sur
son père, ce dernier fut dépouillé de la puissance
impériale, et Henri proclamé empereur. L'infortuné Henri IV résista longtemps, avant de rendre
la couronne et le sceptre, répétant aux députés :
« Je suis prêt de terminer ma course en ce monde,
« laissez-moi achever en paix le peu de chemin
« qu'il me reste à faire pour entrer dans le tom-
« beau. » On raconte que le malheureux prince
privé de tout par la barbarie de son fils, supplia
Grield, qu'il avait nommé évêque de Spire, de lui
accorder un canonicat, ce qui lui fut refusé comme
excommunié et qu'il s'écria baigné de larmes, en
se retournant vers ceux qui étaient présent : « Mes
amis, ayez au moins pitié de moi, car je suis tou-

ché par la main du Seigneur. » Henri tenta un accommodement avec le Saint-Siége, et mourut à Liège à 66 ans. Il avait des passions violentes, un caractère impétueux, une politique artificieuse et une éloquence naturelle qui impressionnait son peuple. Son second fils Henri lui succéda.

HENRI V, DIT LE JEUNE
1106-1125

Henri, surnommé le Jeune, fut en commençant son règne, favorable au clergé. Puis son caractère fier et impétueux prit le dessus et il se brouilla entièrement avec le pape Pascal II. Il épousa Mathilde Plantagenet. Etant allé, peu après, se faire couronner à Rome, quelques personnes de sa suite furent insultées, et une guerre civile eut lieu. Le Pape fut fait prisonnier et plusieurs cardinaux furent tués. Cependant, un traité ayant été conclu, Henri fut couronné le jour de Pâques, puis il marcha contre le duc de Saxe, et fut vainqueur de ce redoutable ennemi. Bientôt commença une seconde expédition en Italie; la marche de l'Empereur fut un triomphe, et doutant de la validité de son couronnement, il se fit couronner une seconde fois par Calixte, qui convoqua de concert avec l'Empereur un concile pour régler les affaires des investitures et des droits canoniques de chaque position ecclésiastique. Henri se soumit aux décisions du Saint-Siége, reçut l'absolution, et se réconcilia avec l'Eglise.

Il mourut à Utrecht, à l'âge de 47, sans laisser d'enfant. Ce fut un prince hautain, avare et cruel, mais ferme et courageux.

LOTHAIRE II, DE SAXE
1125-1137

Albert, évêque de Mayence, qui portait une haine profonde au dernier Empereur, ayant obtenu les insignes de la royauté, de Mathilde, sa veuve, trouva le moyen de faire pencher les princes de l'Empire, en faveur de Lothaire, duc de Saxe, au préjudice des neveux de Henri V, Frédéric et Conrad. Lothaire combattit les princes ses rivaux à main armée, puis il se réconcilia avec eux, et assura l'empire à Conrad de Souabe. Lothaire soutint le pape contre Roger, roi de Naples, et mourut à Trente, après douze ans de règne. Il aima la justice et la paix.

CONRAD III, DE SOUABE
1137-1152

Le rival de Conrad, fut Henri le Hautain, gendre de Lothaire, dont la femme avait en dot le duché de Saxe; mais ayant été vaincu et dépouillé de ses Etats, il en mourut de douleur.

Bientôt toute l'Europe s'ébranla à la voix de saint Bernard, pour la seconde croisade. Conrad, accompagné de son neveu Barberousse, partit pour la Palestine, à la tête de soixante mille cavaliers en bon ordre. Mais l'entreprise ne fut pas couronnée du succès, la moitié de ses troupes périt par la trahison de l'empereur Commène, qui ordonna que l'on mêlât de la chaux avec la farine pour le pain des croisés. Malgré les malheurs de cette croisade, une autre lui succèda contre les Maures, qui étaient en possession du Portugal.

Pendant les dernières années du règne de Conrad, Guelfe, frère d'Henri-le-Hautain, sollicité par Roger de Naples, renouvela les prétentions de son frère contre l'Empereur. Frédéric termina cette querelle par sa médiation, et Henri, fils de Conrad, étant mort roi des Romains, l'Empereur qui n'avait que lui d'héritier, voulut appeler à lui succèder son neveu Frédéric de Souabe, surnommé Barberousse, prince d'un grand courage et d'une rare intelligence. Conrad mourut en 1159, laissant la réputation d'un prince juste et vertueux.

FRÉDÉRIC Ier, DIT BARBEROUSSE
1152-1190

A peine Barberousse eût-il été nommé, qu'il reçut des ambassadeurs de tous les rois de l'Europe pour le féliciter de son élévation sur le trône. L'Empereur eut peu après son avènement de malheureuses discussions avec le Saint-Siége à l'occasion de la nomination d'un archevêque. Le Pape

envoya pour se plaindre des légats qui furent
honteusement chassés de l'Allemagne. Des troubles
ayant éclaté à Rome, l'Empereur y accourut pour
se réconcilier avec Adrien IV. Il lui offrit une
mule d'un grand prix, lui tint l'étrier pendant
qu'il la montait, et la réconciliation fut complète.
Après plusieurs victoires sur les Hongrois, Frédéric reçut des présents magnifiques d'Henri,
roi d'Angleterre, son allié, et marcha sur Milan,
qu'il assiégea et qui se rendit à discrétion. L'Empereur exigea l'hommage de toutes les autres
villes d'Italie, qui s'étaient révoltées contre lui,
et de tous ceux qui relevaient de lui, sans en ex-
cepter les évêques.

Au milieu de ces événements, Adrien mourut,
et il s'éleva un schisme au sujet de l'élection de
son successeur. La plus grande partie des cardinaux élurent Alexandre III; les autres nommèrent
Victor IV, qui devint bientôt prisonnier au château
Saint-Ange. L'Empereur soutint Victor; et Guillaume, roi de Sicile, qu'il regardait comme son
ennemi, se montra le défenseur d'Alexandre, ainsi
que Louis-le-Jeune, roi de France. Un concile fut
alors convoqué à Clermont, où Alexandre III
lança de nouvelles bulles contre Victor et contre
son protecteur. La ville de Milan s'étant de nouveau révoltée, le siége en fut résolu; la vie fut
accordée au peuple, mais la ville fut saccagée et
rasée, les églises seules furent conservées. Cepen-

dant, l'anti-pape Victor étant mort, on élut à sa place Pascal, qui fut reconnu par l'Empereur qui passa les Alpes pour se faire sacrer par lui avec Béatrix de Thuringe, sa seconde épouse; il arrangea ensuite plusieurs différends avec les républiques de Pise et de Gênes, et en vint aux mains avec Guillaume-le-Mauvais. Cependant à la mort de Pascal, Alexandre ayant été reconnu par toute l'Italie, et le schisme ayant cessé, l'Empereur ne songea point à donner un successeur à l'anti-pape et après avoir assisté avec Guillaume-le-Bon au mariage de sa sœur Constance avec son fils Henri, il envoya des députés au pape Alexandre. Après qu'un accommodement eût été conclu, ils eurent une entrevue à Venise. Frédéric en approchant du Saint-Père qui était assis devant le portail de Saint-Marc lui baisa les pieds, soumission qui arracha des larmes à Alexandre, qui le serra dans ses bras et lui donna le baiser de paix.

L'Empereur et tous les princes allemands le reconnurent ensuite dans le palais des patriarches, où l'Empereur fit un discours en langue allemande; le Pape y répondit par un discours en latin. A Alexandre, succéda Lucius, qui fut chassé de Rome, par des séditieux, parce qu'il avait refusé de se soumettre à des coutumes que ses prédécesseurs avaient toujours observées.

L'Empereur vint encore avec ses deux fils châtier les rebelles, puis il les fit chevaliers selon les lois et les cérémonies de la chevalerie. Peu d'années après, eut lieu une guerre avec Humbert III, comte de Savoie, qui prit le parti du Pape contre l'Empereur. Pour se venger, Frédéric détacha les évêchés de Turin et de Gênes, du comté de Savoie, et les érigea en fiefs de l'empire, mais Humbert ayant remporté une grande victoire, le bref impérial fut révoqué.

Frédéric était occupé à faire des règlements pour établir la paix et le bon ordre en Allemagne lorsqu'il apprit que Jérusalem avait été prise par Saladin ; il se hâta de prendre la croix avec Philippe-Auguste, et Richard Cœur-de-Lion en 1180. Pour se procurer de l'argent il aliéna plusieurs fiefs de la famille de Souabe, et partit avec son second fils, Frédéric.

Après avoir gagné plusieurs batailles et rempli l'Asie Mineure de la terreur de son nom, Frédéric-Barberousse se plongea dans le Cydnus, pour s'y baigner; mais les eaux glacées de ce fleuve le saisirent et il mourut bientôt après. Il fut enterré à Tyr. Il eut pour successeur dans le commandement de ses troupes, son fils Frédéric, qui mourut au siége de Ptolémaïs. Léopold duc d'Autriche, lui succéda. Barberousse mourut à 69 ans. Prince d'une vaste intelligence et d'un grand courage, il eut les défauts et les vertus de son siècle.

HENRI VI, DIT LE CRUEL
1190-1197

Henri reçut en même temps la nouvelle de la mort de son père, et celle de Guillaume de Naples, son beau-frère. Il marcha tout de suite en Italie pour se faire couronner et recueillir l'héritage de Guillaume, neveu de Constance son épouse, mort sans enfant. Les Napolitains avaient cependant déjà élu Tancrède et refusaient de se soumettre au chef de la maison de Souabe. Henri, après son couronnement, s'empara de presque toutes les villes de la Campanie et de la Calabre, y commit d'affreuses cruautés, et se réserva de faire l'année suivante, la conquête de Naples. Il songea ensuite à rendre la couronne héréditaire dans sa maison. Il convoqua une diète où son intention fut remplie par une loi irrévocable. Ce fut dans ce temps-là, que Richard Cœur-de-Lion ayant fait naufrage sur les côtes de la mer Adriatique, prit l'habit de pèlerin et s'avança en Allemagne. Mais Léopold, duc d'Autriche, l'ayant reconnu, le retint prisonnier, pour se venger de ses hauteurs au siége de Ptolémaïs, le traita avec la dernière indignité, et le mit entre les mains d'Henri VI. Celui-ci le retint durant plusieurs mois dans les fers et ne le mit en liberté qu'après avoir reçu une forte somme d'Angleterre. Toute l'Europe fut indignée de cette conduite, et il fut regardé comme un

prince déloyal, avare, et indigne de l'ordre de la
chevalerie. L'Empereur retourna ensuite en Italie,
où il avait laissé la malheureuse Constance qui,
indignée de ses crimes, voulait le quitter et se
retirer dans un couvent. Il y combattit contre
Roger, fils aîné de Tancrède, dont la mort fut suivie de celle de son père. Un enfant de douze ans,
le jeune Guillaume, fils unique du roi Normand,
fut reconnu pour souverain par une poignée de sujets fidèles. Bientôt le perfide Empereur s'empara
de ce jeune prince, lui fit crever les yeux, et fit enfermer dans un couvent sa mère et ses sœurs. Le
malheureux Guillaume fut envoyé dans une forteresse d'Allemagne, et de riches trésors qu'Henri
avait trouvés à Palerme furent également envoyés
à Aix-la-Chapelle.

Le pape Célestin ayant obtenu un secours de
l'Empereur pour les chrétiens de la Terre-Sainte,
Henri s'embarqua pour la Palestine, et remporta
plusieurs victoires sur les ennemis du roi de Jérusalem. A son retour, il trouva toute la Sicile en
feu, l'Impératrice elle-même voulait que ses compatriotes reconquissent leurs droits, et Henri signa la paix avec les Napolitains, à des conditions
avantageuses pour eux.

Peu après, l'Empereur mourut empoisonné à
Messine, laissant la réputation d'un tyran. Il avait
cependant de la valeur, du courage, et une éloquence naturelle entraînante. Il ne laissa qu'un

fils, Frédéric, qui lui succéda d'abord comme roi
de Naples et ensuite comme Empereur.

PHILIPPE

1197-1208

Philippe, duc de Souabe, était sur la route de la
Sicile lorsqu'arriva la mort de son frère. Il apprit
que l'Empereur l'avait nommé tuteur de son fils,
et que les Napolitains avaient massacré les troupes allemandes et avaient donné la tutelle à la
reine Constance. Bientôt Othon, neveu de Philippe,
fut nommé roi des Romains et se révolta contre
son oncle. Toute l'Allemagne fut divisée en deux
fractions. Richard Cœur-de-Lion soutint Philippe,
et le roi de France Othon. Tandis que l'Allemagne
gémissait ainsi dans les horreurs d'une guerre
civile, l'impératrice Constance régnait en Sicile,
comme tutrice de Frédéric son fils. A sa mort qui
arriva en 1200, trois ans après celle de l'Empereur,
son époux, Innocent III, chef de l'Eglise, fut
chargé de la tutelle de Frédéric. Après bien des
négociations, une réconciliation allait avoir lieu
entre Philippe et Othon, lorsqu'une action détes-
table, un lâche assassinat, commis par Othon
Wittelsbach, termina les jours de Philippe. Prince
affable, doux, prudent et libéral.

OTHON IV
1208-1218

Béatrix, fille de l'Empereur, se présenta devant Othon, son cousin, pour demander justice du meurtre de son père. Les larmes et les prières de la jeune princesse, qu'il épousa quelque temps après, touchèrent tellement Othon, que la tête du meurtrier fut mise à prix. Le règne d'Othon fut orageux. Outre de longs démêlés avec le clergé, il prit parti pour le roi d'Angleterre contre Philippe-Auguste, roi de France, et fut vaincu à Bouvines. Othon ne négligea aucun moyen de se concilier l'amour et l'estime des Allemands, et de récompenser le mérite. Il institua un ordre de chevalerie appelé de l'Ours, en honneur de l'abbaye de St-Gall, qui lui avait donné asile. Se voyant abandonné de tout le monde, il se retira dans un couvent, où il finit sa vie dans les exercices de la piété chrétienne, laissant dans ses états la réputation d'un prince vertueux.

FRÉDÉRIC II, DIT LE GRAND
1218-1250

Au commencement de son règne, Frédéric se montra l'ami du clergé ; il se fit couronner à Aix-la-Chapelle, et ajouta aux cérémonies de son couronnement, le vœu d'aller en Terre-Sainte.

A la mort d'Innocent III, son successeur Hono-

rius III prêcha une croisade à laquelle prirent
part tous les princes de l'Allemagne et dont le
chef fut déclaré, par le pape André II, roi de Hongrie. Pendant que les croisés faisaient de rapides
progrès en Palestine, Frédéric qui s'excusait de
ne pas accomplir son vœu pour s'affermir sur le
trône impérial, eut à faire rentrer sous son obéissance Milan et Plaisance et convoqua une diète
à Gossar.

Bientôt à la pressante recommandation du Pape,
il envoya une armée en Orient, et marcha en personne contre les Sarrasins, qui venaient de faire
une descente en Sicile. Les croisés après avoir
perdu la ville de Damiette et une partie de leurs
avantages, rentrèrent en Europe. Le Pape alors
accusant l'Empereur, lui écrivit une lettre sévère,
pour qu'il eût à se mettre à la tête de son armée
pour accomplir son vœu. Ce fut là le commencement des longues hostilités de Frédéric avec le
Pape.

L'Empereur refusa de se soumettre, et s'arrogea
sur le clergé d'Allemagne des droits qu'il n'avait
pas. Cette conduite le fit excommunier une seconde
fois. Cependant une réconciliation eut lieu, grâce à
la sage politique du Pape, et l'Empereur se rendit
à Rome pour y épouser en secondes noces, la fille
de Jean de Lusignan, Yolande, jeune princesse de
quatorze ans. Il renouvela son vœu, et promit
de partir en moins d'une année pour la Terre-

Sainte. Mais Frédéric, par son esprit d'indépendance et de rébellion, amena encore de nouveaux
délais, qui déterminèrent Gregoire IX, à l'excommunier une troisième fois.

L'Empereur publia aussitôt un manifeste pour
se justifier aux yeux de l'Europe, promettant de
partir aussitôt après le rétablissement de sa santé.
Ce fut alors que l'animosité des Guelfes et des
Gibelins se réveilla plus que jamais en Italie. Le
coupable Frédéric leva l'étendard de la révolte
contre le Saint-Siége, pilla les biens du clergé, et
força Grégoire de quitter Rome et de se retirer à
Péronne. Cependant l'Empereur conçut le projet
de passer en Orient, pour prendre possession au
nom de son fils Conrad, fils d'Yolande, morte depuis peu, du royaume de Jérusalem. Le Pape lui
fit alors défendre de procéder à son voyage, avant
d'être relevé des censures ecclésiastiques; mais
l'indomptable Frédéric ne tint aucun compte de
ses avis; il mit ses troupes en mouvement, passa
en Orient et prit le titre de roi de Jérusalem, se
mettant lui-même la couronne sur la tête; aucun
évêque n'avait voulu faire la cérémonie de son couronnement. L'excommunication qui l'empêchait
d'avoir aucun rapport avec les Croisés, ne permit
à Frédéric de faire aucune conquête; il conclut
seulement une trève de dix ans, avec Saladin,
sultan d'Egypte. De retour en Europe, l'Empereur pour se venger de Grégoire, ravagea tout le

patrimoine de Saint-Pierre, puis essaya de se réconcilier avec le Pape, d'après les conseils de
saint Louis, roi de France. L'Empereur fit ensuite
quelques lois assez sages, et marcha contre Henri,
son fils aîné, coupable de rébellion : ce fils ayant
été vaincu fut enfermé dans une forteresse de la
Pouille où il mourut bientôt.

Conrad, second fils de Frédéric, fut peu après
élu roi des Romains, et Innocent IV, successeur
de Grégoire, ayant demandé à l'Empereur la res-
titution des villes qu'il avait prises à l'Eglise, et
l'hommage comme roi de Naples, l'Empereur s'y
refusa et il fut excommunié pour la quatrième
fois. au Concile de Lyon. Les Guelfes remportèrent sur lui peu après une grande victoire. Frédéric se retira alors dans son royaume de Naples,
pour y mettre sur pied une nombreuse armée,
lorsqu'il mourut à l'âge de 59 ans. Il laissa à son
fils Mainfroi, la principauté de la Calabre et la
Pouille, Naples et la Sicile à Conrad, ses états d'Allemagne à son petit-fils Frédéric, fils d'Henri. Marguerite, sa fille aînée, épousa le Landgrave de Thuringe. Béatrix, fille de sa quatrième épouse,
Isabelle de Clèves, épousa le prince palatin. Frédéric fut un prince d'un grand génie, d'une intrépidité peu commune. Mais sa violence, sa cruauté,
ses mauvaises mœurs et sa haine profonde de
l'Eglise en firent un véritable tyran.

CONRAD IV
1250-1254

Nous avons vu, que Conrad n'étant âgé que de
16 ans, fut élu roi des Romains. Il épousa Elisabeth
de Bavière. Après avoir échappé à un affreux complot tramé contre sa vie, il passa en Italie, trouva
Naples révoltée, en fit le siége et mourut ne laissant qu'un fils au berceau. Quelques auteurs ont
assuré que Conrad avait été empoisonné par Mainfroi, son frère.

CONRADIN
1254-1268

Les Allemands élurent alors Guillaume comte
de Hollande, roi des Romains, qui fit tous ses efforts pour se concilier l'affection des princes de
l'empire et celle de Thomas, comte de Savoie.

Mainfroi, de son côté, se fit nommer tuteur de
Conradin, son neveu, s'empara de son royaume, et
résista avec arrogance au Pape qui le faisait souvenir des intérêts de son pupille. Bientôt, Innocent IV, indigné de la félonie de Mainfroi, l'excommunia, et donna l'investiture de son royaume à
Charles d'Anjou, de France.

Sur ces entrefaites, Guillaume, roi des Romains,
périt en se laissant tomber sur la glace, et le jeune
Frédéric de Souabe étant mort au berceau, la famille de Souabe n'eut plus que Conradin pour re-

présentant. Les princes allemands n'en voulaient point pour empereur, tout en refusant la couronne les uns les autres. Richard, second fils de Jean Sans-Terre, se décida à accepter l'offre de l'archevêque de Cologne et à se charger du fardeau de l'empire. Il fut couronné avec Sancia, son épouse ; mais, se trouvant sans crédit, sans argent, sans amis, il retourna en Angleterre. Bientôt l'empire fut livré au joug le plus tyrannique, et ses malheurs devinrent tels, qu'il s'établit une ligue entre les villes et les petits états d'Allemagne, pour leur sûreté personnelle.

Cependant Conradin, voyant son royaume de Naples enlevé par son oncle, puis livré au duc d'Anjou ; exalté par les Gibelins, leva une armée, et marcha vers l'Italie, espérant se faire reconnaître empereur, s'il était victorieux. Charles ayant renforcé ses troupes, par une armée française, livra bataille au dernier rejeton de la famille de Souabe, et remporta sur lui une victoire complète. Conradin et son cousin Frédéric d'Autriche, fait prisonniers dans cette bataille, furent jugés et condamnés à mort. Cet horrible arrêt s'exécuta à Naples, comme nous le racontons dans l'histoire de ce royaume. Conradin jeta son gant sur la place pour être porté à son héritière, Constance, fille de Mainfroi, reine d'Aragon, sa cousine germaine. Le pape Clément IV ne survécut qu'un mois à ce barbare homicide. Les malheurs de l'Allemagne durèrent jusqu'à la mort de Richard. Alors les princes de l'empire s'assemblèrent et élevèrent le comte de Hapsbourg sur le trône impérial, sous le nom de Rodolphe Ier.

RODOLPHE Ier

1273-1291

Rodolphe avait eu Frédéric pour parrain, mais un astrologue ayant annoncé qu'il monterait sur le trône impérial, l'Empereur l'éloigna de la cour. Il fut couronné à Aix-la-Chapelle. Il se hâta de rétablir la sûreté sur les chemins publics et de punir les meurtriers et les voleurs. Il fit ensuite un voyage à Rome et promit fidélité au Saint-Siége.

Rodolphe fit valoir ses prétentions sur l'Autriche dont s'était emparée le roi de Hongrie à la mort de Frédéric, le compagnon de Conradin. L'ayant vaincu, il en donna le gouvernement avec celui de la Carinthie à Albert, son second fils. Il maria ensuite sa fille aînée, Catherine, avec le duc de Saxe et ayant eu des démêlés violents avec Charles d'Anjou, il entra dans la conspiration de Jean de Procidas, qui éclata par le massacre des Vêpres siciliennes. Rodolphe mit ensuite tous ses soins à rétablir la paix dans ses états, si longtemps troublés par la guerre civile. L'esprit de discorde s'était emparé même des religieux; les processions se battaient dans les rues, les chanoines se révol-

taient contre leurs évêques, et les bourgeois déci-
daient de leurs droits par des combats singuliers.

Après une diète à Erfurt, l'Empereur prit les
armes contre Henri, prince palatin, qui avait été
mis au ban de l'empire, pour avoir prêté serment
de fidélité à Philippe-le-Bel, et le vainquit. Ayant
demandé inutilement que son fils Albert fût reconnu roi des Romains, Rodolphe mourut à 74
ans, six mois après Rodolphe, son fils aîné. Il avait
épousé Anne de Hocberd, qui lui apporta pour dot
l'Alsace. Il eut sept fils et trois filles qui épousè-
rent des princes palatins. Rodolphe fut recommandable par sa justice, son équité et sa valeur.

ADOLPHE Ier, DE NASSAU
1292-1298

Neuf mois de troubles et de guerres succédèrent
à Rodolphe. Malgré toutes les négociations du
prince Albert, il ne put succéder à son père, et les
princes palatins élurent Adolphe de Nassau, qui
n'était pas assez riche pour soutenir sa dignité.
Voulant soumettre les seigneurs qui s'étaient op-
posés à son élection, il assembla une diète et proposa de faire la guerre à Othon de Bourgogne qui
voulait devenir vassal du roi de France. Le mauvais succès de cette entreprise diminua beaucoup
la réputation d'Adolphe. Il forma peu après une
alliance avec Edouard, roi d'Angleterre, et lui emprunta une somme qui ne fut jamais rendue. Ce-

pendant l'Empereur, par ses hauteurs et sa mauvaise conduite, mécontentait de plus en plus ses sujets. Les princes palatins se réunirent pour le déposer, et élurent Albert à sa place.

Bientôt les deux rivaux en vinrent aux mains. Adolphe, dans la chaleur de l'action, attaqua corps à corps le duc Albert, en lui disant : « Il faut que vous me rendiez l'Empire, et me cédiez la vie. » Albert alors le frappa au visage, en disant : « Nous sommes tous deux, dans la main de Dieu, » et le tua.

Les Juifs furent persécutés avec une grande violence, sous le règne d'Adolphe ; ce prince fut vaillant, mais malheureux. Il mourut sans enfants.

ALBERT Ier D'AUTRICHE,
DIT LE TRIOMPHATEUR
1298-1308

Albert appelé le Triomphateur, par suite de la victoire qui lui donna l'Empire, fut couronné à Aix-la-Chapelle, avec une grande solennité. Il eut ensuite une entrevue avec Philippe-le-Bel, et décida avec lui le mariage de sa fille Blanche, avec son fils Rodolphe. L'Empereur prit aussi l'engagement avec le pape Boniface, de se mettre à la tête d'une croisade, s'il voulait obliger les trois électeurs ecclésiastiques, à céder des droits usurpés pendant les troubles de l'Empire. Le Pape ayant été sourd à ses plaintes, il résolut de se rendre justice lui-même par les armes, ce qui suscita de violents démêlés avec la cour de Rome.

Les trois cantons suisses, soumis à l'Empire, secouèrent le joug, irrités des violences de Rodolphe, duc d'Autriche. Albert en ressentit un profond chagrin. Les autres cantons s'engagèrent aussi dans une confédération, qui fut l'origine de la république suisse. Le désir d'agrandir la puissance de sa famille eut une fâcheuse influence, sur la conduite d'Albert, il avait six filles et trois fils, auxquels il tenta de procurer tous les avantages possibles. L'ardeur avec laquelle il travailla dans ce but lui coûta la vie. S'étant chargé de l'éducation de son neveu le duc Jean de Souabe, ce jeune prince, à sa majorité, sollicita son oncle de le mettre en possession de ses domaines, ce qu'il refusa sous différents prétextes. Après plusieurs négociations l'Empereur voulut envoyer Jean dans une guerre contre la Bohême. Le jeune Duc s'écria dans un transport de colère : « Je vois bien que celui qui voudrait me priver de mes Etats, voudrait aussi me priver de la vie ! » A ces mots, il alla chercher trois de ses amis, et ils résolurent de faire périr l'Empereur. Après un repas où celui-ci traita magnifiquement les conjurés, dont il avait peur, il partit avec eux pour l'abbaye de Rheinselden, où il avait promis de rendre tous ses droits, à son pupille, en présence de son oncle abbé de ce monastère, mais Jean ne lui en

laissa pas le temps. Arrivé auprès d'une petite
rivière, il le frappa à la gorge, et ses amis l'ache-
vèrent à coups d'épée. Après leur crime, les conjurés prirent la fuite. Pénétré de l'horreur de son
assassinat, Jean alla se jeter aux pieds de Clément V, qui lui dit de s'enfermer pour le reste de
sa vie, dans un cloître. Deux des autres conjurés
furent pris et rompus vifs, le troisième garda les va-
ches en Suisse, jusqu'à sa mort; il ne se découvrit
qu'à son dernier moment. Albert fut affable et valeureux, mais d'une avarice sordide.

HENRI VII, DE LUXEMBOURG
1308-1313

Après la mort d'Albert, les princes palatins
s'assemblèrent. Le roi de France aspirait à l'empire et comptait sur l'appui de Clément V; mais
les électeurs se hâtèrent de nommer Henri de
Luxembourg, pour éloigner les prétentions de
Philippe-le-Bel. Henri fut très-étonné d'apprendre
qu'il était choisi, et accepta néanmoins le trône
avec reconnaissance. Il fut couronné à Aix-la-Chapelle, le jour des Rois. On prononça ensuite une
sentence de mort contre Jean de Souabe, et on
enleva ses domaines à son fils.

Dans la diète parut aussi Elisabeth de Bohême,
qui vint demander justice à l'Empereur, contre ses
sujets révoltés; l'Empereur unit cette jeune princesse à son fils Jean, et ce fut ainsi que la Bohême

passa dans la maison de Luxembourg. Henri, de concert avec Philippe-le-Bel, demanda au Pape l'abolition de l'ordre des Templiers, qui non-seulement imitaient les Juifs dans leur usure, mais encore étaient accusés des débauches les plus infâmes, et de toutes sortes d'énormités. Henri assista à Paris au long et terrible procès, fait à l'ordre, et livra au bras séculier tous les chevaliers qui habitaient ses Etats.

Une longue guerre fut entreprise ensuite avec la Haute-Italie, à laquelle prirent part, tout le parti Guelfe et tout le parti Gibelins. Henri fut renversé de son cheval, et grièvement blessé au siége de Brême; Thibaud qui avait été gouverneur de la ville, comblé des bontés de l'Empereur, le trahit, et périt par une mort cruelle et infâme. Henri mourut à 69 ans, des suites de sa chute; il laissa un fils Jean et trois filles, dont une, Marie, épousa Charles-le-Bel. Henri était affable, libéral et pieux; bien fait quoique très-mince, son visage était rempli de douceur et de majesté.

LOUIS V, DE BAVIÈRE

1314-1347

Une grande rivalité s'établit à la mort d'Henri entre Frédéric d'Autriche, fils de Jean de Souabe, duc d'Autriche, et Louis de Bavière, élu par les princes palatins. Frédéric plein d'orgueil et se fiant à ses grandes richesses, se mêla cependant à un complot contre la vie de l'Empereur; mais les conjurés ayant été trahis périrent sur la roue.

Les Guelfes se déclarèrent pour Louis, les Gibelins pour la maison d'Autriche, et toute l'Allemagne fut en feu. Après de longues guerres, la victoire échut cependant au duc de Bavière, qui épousa peu après sa cousine Marguerite de Brabant, puis il fit la paix avec les princes de la maison d'Autriche. Le pape Jean XXII n'ayant pas approuvé la nomination de Louis, ce dernier résolut de s'en venger, en entrant en triomphateur à Rome. Soutenu par le parti Guelfe il revêtit de la dignité papale, Pierre de Corbine, cordelier qui prit le nom de Nicolas V, et pour donner plus de poids à l'élévation de Nicolas, il voulut être sacré par ses mains. Jean ne fut pas plutôt averti de l'élévation de Nicolas, qu'il excommunia tous ceux qui avaient été présents à la cérémonie, n'en exceptant que le poète Pétrarque. Benoît XI, qui succéda à Jean, confirma ses bulles. Peu après Louis, roi de Hongrie, entra à Naples pour venger sur Jeanne sa belle-sœur, la mort de son frère André, son premier mari, et Louis de Luxembourg se fit nommer roi des Romains. étant dans les bonnes grâces du nouveau pape Clément VI. Les prédécesseurs de l'Empereur avaient l'habitude de tenir leur Cour tantôt dans une ville, tantôt dans une autre; Louis ne quitta jamais son duché de Bavière.

Louis étant un jour à la chasse fut saisi à cheval, d'une attaque d'apoplexie, qui ne lui laissa que le temps de recommander son âme à Dieu. Son corps fut enterré à Munich. Ce prince qui surpassait, dit-on, en connaissances tous ses contemporains, était grand, bien fait, et d'une figure noble. Il fut libéral et magnifique, et fonda beaucoup de couvents. Il n'eut point d'enfants.

CHARLES IV, DE BOHÊME
1347-1378

Charles, duc de Luxembourg, fils du roi de Bohême, et petit-fils d'Henri VII, fut élevé à la Cour de France où il suivit sa tante, la reine Marie, femme de Charles-le-Bel. A 17 ans, il devint roi de Bohême et l'année suivante, les électeurs charmés de sa sagesse, lui donnèrent l'Empire, à la mort de Louis de Bavière. La première victoire de Charles fut remportée en 1334 sur les Suisses rebelles. Après avoir établi son beau-père Robert, comte palatin, vicaire de l'Empire, il partit pour l'Italie ; par suite, d'un accord fait avec le nouveau pape Innocent VI, il fut proclamé roi de Lombardie, et arriva à Rome, pour y être couronné le 5 avril de l'année 1340, avec Agnès, sa seconde femme, fille du prince palatin. Blanche, sa première épouse, était morte en donnant le jour à une fille. A son retour en Allemagne, l'Empe-

reur eut à se défendre contre les malandrins,
bandes indisciplinées qui arrivaient de France.

On a fait à Charles, le reproche d'une sordide
avarice ; il laissa le Saint-Siége faire de grands
envahissements sur les droits de l'Empire, et ven-
dit pour de l'argent, des juridictions importantes
en Italie. Malgré ce reproche, Charles fonda cependant l'université de Prague, sa ville natale, qu'il
embellit avec soin. Il fit tous ses efforts pour diminuer le luxe et l'orgueil des grands seigneurs qui
portaient alors au plus haut point la magnificence
de leur maison.

L'impératrice Agnès étant morte, l'Empereur
épousa Eléonore de Hanovre. Peu après, Pierre de
Lusignan, roi de Chypre, vint faire un appel aux
princes chrétiens, pour reprendre Jérusalem aux
infidèles. Le roi de France et le Pape firent alors
de belles promesses à l'Empereur, s'il voulait soutenir la croisade, mais il refusa, et Pierre n'obtint
du secours que du Saint-Siége et de la république
de Venise. Pour remédier à quelques soulèvements
populaires, Charles convoqua une diète, à Nuremberg. Ce fut à cette diète qu'il intrigua avec tant
d'adresse, qu'il parvint à faire recevoir son fils roi
des Romains, à l'âge de douze ans, et qu'il publia
le fameux édit appelé la bulle d'or, dans lequel
on décida du nombre des électeurs, de leurs droits,
de leurs priviléges, avec tout ce qui est relatif au
gouvernement de l'Empire. Ce fameux édit, le

chef-d'œuvre de la politique allemande, renferme avec détails, tout ce qui concerne la cérémonie du couronnement, l'ordre des assemblées appelées diètes, et le rang de la noblesse.

L'Empereur, pour mettre à exécution les fonctions de chaque électeur, donna un repas magnifique, où Venceslas, son fils, électeur de Bohême, servit d'échanson et présenta de l'eau dans une aiguière à l'Empereur et à l'Impératrice au commencement du repas. Charles fit un voyage en France pour rétablir la paix, entre son neveu Charles V, et le roi d'Angleterre, Edouard III. De retour à Prague, Charles y mourut après un règne de trente-quatre ans, laissant la réputation d'un bon prince et d'un homme de génie. On n'eut d'autres reproches à lui adresser que celui de son avarice.

Il avait eu deux fils, Venceslas et Sigismond, et quatre filles.

VENCESLAS
1378 1406

Venceslas succèda à son père sur le trône de Bohême et sur celui de l'Empire. Il attira des maux sans nombre sur ses sujets, par ses mœurs dépravées et ses inclinations vicieuses. Toute sa conduite fut une suite de débauches et de cruautés. Il disposa des droits de l'Empire pour se faire de l'argent et satisfaire ses goûts de folle dépense. Venceslas, sans prendre souci des affaires de l'Empire, résidait toujours en Bohême et se plongeait dans les plaisirs, ce qui le rendait odieux à son peuple. Il ordonna que saint Jean Népomucène fût noyé parce qu'il n'avait pas voulu lui révéler la confession de l'Impératrice. Pendant que Venceslas se déshonorait ainsi par ses cruautés, son frère Sigismond venait de monter sur le trône de Hongrie, en épousant Marie, fille du dernier roi, après la mort de Charles de Dura, qui s'était emparé de la Hongrie et que la reine-mère, veuve de Louis avait fait assassiner. Sigismond se distingua par sa valeur et son courage, autant que par ses vertus. Il n'avait aucun rapport avec son frère qui l'avait toujours détesté.

Bientôt des soulèvements contre les Juifs amenèrent de nouveaux troubles ; on les accusa d'empoisonner les fontaines, et beaucoup d'innocents payèrent pour quelques coupables. On les brûlait à Munich, on les égorgeait à Prague et à Vienne, et ils étaient partout persécutés. Venceslas mit le comble à ses folies en devenant l'ami du bourreau de Prague qu'il appela son confrère et l'admit à sa table. Indignés d'obéir à ce mauvais prince, les nobles de Prague le firent enfermer dans un cachot d'où il trouva moyen de s'échapper. Il fut ensuite déposé de son titre d'Empereur par les électeurs et resta seulement roi de Bohême. On assure que dans les dernières années de sa vie, il s'appliqua sérieusement à réparer ses torts. Venceslas mourut des suites d'un violent accès de colère, à l'âge de cinquante-sept ans. Il s'était marié en premières noces avec Jeanne ; en secondes, avec Sophie de Bavière ; il n'eut point d'enfants.

ROBERT-LE-DÉBONNAIRE DE BAVIÈRE
1400-1410

Robert fut élu par les électeurs, mais les rois de l'Europe désapprouvèrent hautement la déposition de Venceslas. Le grand évènement de son règne, qui fut court, fut le schisme de Jean Huss, recteur de l'université de Prague, qui fut excommunié par Jean XXIII. Le schisme devint plus terrible encore, pendant que Grégoire XII et Benoît XIII se disputaient la papauté. La France était pour le premier, l'Allemagne pour le second. Un concile rendit la paix à l'Eglise, en les déposant tous les deux, et en nommant Alexandre V.

Robert marchait contre l'électeur de Mayence, lorsqu'il mourut d'une fièvre, à l'âge de quarante-sept ans. On l'a surnommé le *Débonnaire* ; il fut pieux et libéral. Il épousa Elisabeth de Nuremberg et eut deux filles ; l'une devint duchesse de Clèves, l'autre de Lorraine.

SIGISMOND, DIT LE JUSTE
1410-1437

Sigismond, roi de Hongrie et second fils de Charles IV, fut appelé au trône par toute l'Allemagne; son premier soin fut d'acheter l'électorat de Brandebourg, et de faire un traité avec Ladislas de Pologne, contre l'ordre teutonique. Il s'occupa ensuite de faire cesser le schisme. Il livra un sauf-conduit à Jean Huss pour se rendre au concile de Constance, où il devait exposer sa doctrine. L'Empereur partit ensuite pour Rome, pour s'y faire couronner, avec sa seconde femme Elisabeth, fille de l'électeur de Hesse.

Le concile de Constance se tint avec une grande solennité. L'acte principal fut la condamnation aux flammes de l'hérétique Jean Huss, qui mourut sans vouloir rétracter ses erreurs. L'Empereur déplora cette rigueur, où l'on ne tint aucun compte de son sauf-conduit. Il aurait voulu qu'on condamnât les erreurs, et que la personne de l'hérétique fût exilée à jamais de l'Allemagne. Cette mesure sanglante du concile ne donna du reste qu'une nouvelle activité aux sectaires de Jean Huss qui protestèrent hautement contre cet acte impolitique et cruel.

La mort de Jérôme de Prague, ami et disciple de Jean Huss, également ordonnée par un tribunal ecclésiastique, fut aussi un sujet de peine et de blâme pour l'Empereur, qui bientôt se vit forcé de mettre au ban de l'Empire Frédéric d'Autriche qui s'était injustement emparé de l'évêché de Mayence. Sigismond devenu roi de Bohême, par la mort de Venceslas, fit la guerre aux Turcs avec de grand succès. Eugène IV, ayant succédé à Martin V, le concile de Bâle travailla à le déposséder et offrit la couronne papale à Amédée VIII, duc de Savoie, qui l'accepta à la sollicitation de toute l'Europe. Sigismond reçut à cette époque la couronne de fer à Milan.

L'Empereur rentra à Prague, où il aspirait au repos, lorsqu'il fut attaqué par une maladie cruelle causée, dit-on, par un poison. Il nomma pour son successeur, Albert, époux de sa fille Elisabeth, qui ayant obtenu tous les suffrages des électeurs, fit rentrer l'Empire sous l'obéissance de la maison d'Autriche.

Sigismond mourut à l'âge de soixante-seize ans, après avoir régné dix ans en Hongrie, et vingt-sept comme Empereur. Ce prince était remarquable par sa beauté. Il fut libéral, généreux et protégea l'Eglise et les gens de lettres.

ALBERT II, D'AUTRICHE
1430-1439

Albert, gendre de Sigismond, ramena la couronne dans la maison d'Autriche, où elle resta jusqu'à son extinction. Par sa sage conduite, il rétablit la paix dans ses Etats. La grande réputation qu'il acquit par son mérite, jointe aux faveurs de la fortune, l'aurait rendu le plus grand prince qui se fût assis sur le trône impérial, si le ciel eût prolongé ses jours. Elu Empereur par les électeurs

de Francfort, il reçut trois couronnes la même
année. Après son élection et son couronnement,
son premier soin fut de réformer les abus qui
s'étaient glissés dans l'administration de la justice.
Il supprima l'infâme tribunal, appelé le Secret
jugement de Westphalie, qu'on disait aussi ancien
que Charlemagne, et par lequel on était condamné
à mort, sur une simple information, sans connaître
le crime dont on était accusé qu'au moment du supplice. Albert décida le mariage de sa fille Berthe,
avec le roi de Pologne, lui donnant la Bohême
pour dot.

L'Empereur arma ensuite contre les infidèles,
et après plusieurs victoires, ayant mangé une trop
grande quantité de fruits, il fut attaqué de la
dyssenterie, et mourut à Vienne, où il se hâta de
revenir. Il eut un fils, qui fut appelé Ladislas, et
couronné roi de Hongrie, quatre mois après sa
naissance. Ce prince était d'une taille élevée et
d'une force extraordinaire. Il fut libéral, juste,
vertueux. Il eut un grand zèle pour la religion et
témoigna une grande estime aux savants.

FRÉDÉRIC III, DIT LE PACIFIQUE
1440-1493

Après la mort d'Albert, les électeurs élurent
son neveu, Frédéric d'Autriche, dit le *Pacifique*,
qui prit le jeune Ladislas, roi de Hongrie, sous sa
protection. Frédéric partit ensuite pour Bâle, afin

d'y soutenir les intérêts d'Eugène IV, contre Félix V, duc de Savoie qui lui offrit, dit-on, en mariage sa fille Béatrix, laquelle passait pour la plus belle princesse de son temps, et épousa Louis d'Anjou, qui venait de recevoir l'investiture de Naples. Eugène finit par renoncer à la tiare, et Félix fut le Pape reconnu pendant trois ans. L'Empereur eut ensuite à se défendre contre des bandes de malandrins qui désolèrent l'Alsace. Bientôt tous les esprits ne furent occupés que des événements qui concernèrent la papauté. Un nouveau schisme allait commencer lorsque Frédéric et Charles VII firent tous leurs efforts pour décider le pape Félix V, à abdiquer à de certaines conditions, confirmées par Nicolas V, qui venait de succéder à Eugène.

Frédéric, qui reconnaissait Nicolas pour Pape légitime, avait ordonné aux habitants de Bâle de mettre fin au Concile, qui se tenait dans leur ville, et de renvoyer les Pères avant la Saint-Martin. Les habitants de Bâle n'ayant point eu égard à ce premier ordre, qui fut publié le jour de la Saint-Michel, l'Empereur les menaça de les mettre au ban de l'Empire, pour crime de désobéissance. Les Pères transportèrent leur concile à Lausanne, et cette grande affaire fut terminée par le renoncement de Félix à la papauté, en faveur de Nicolas.

L'année suivante, l'Empereur se rendit à Rome pour y être couronné avec Eléonore de Portugal, à laquelle il était fiancé. Il fit une entrée magnifique à Venise. A Ferrare, il trouva des ambassadeurs de François Sforza, duc de Milan, qui l'invitait à venir dans cette ville, pour recevoir la couronne de fer. A Sienne, l'Empereur trouva Eléonore qui arrivait avec un cortège nombreux, et reçut à Rome avec son époux la couronne de fer.

Plusieurs années après, en 1453, Mahomet II, subjuguant le reste de la Grèce, prit la ville de Constantinople d'assaut, dans lequel l'empereur Constantin Paléologue fut tué. Par cette expédition, l'Empire grec-romain fut détruit, et la religion chrétienne disparut d'un des plus beaux pays de la terre. Calixte III envoya alors des légats à toutes les puissances de la chrétienté et on essaya d'organiser une croisade contre les ennemis de la croix. L'Empereur ne favorisa pas malheureusement cette entreprise, dont le chef fut Philippe, duc de Bourgogne. Alphonse V, roi de Portugal arma seul une escadre, pour répondre à l'appel du Pape.

De grands troubles politiques éclatèrent ensuite en Hongrie et en Autriche. La vie de l'Empereur, celle de l'Impératrice et de leur fils Maximilien fut même menacée. Albert d'Autriche, frère de Frédéric était à la tête des mécontents, et fut mis au ban de l'Empire. Eléonore mit tout en œuvre pour amener une réconciliation entre les deux frères.

Elle espérait y parvenir, lorsqu'Albert mourut subitement par suite de ses débauches.

L'année 1477, l'Empereur négocia le mariage de Maximilien, son fils, avec Marie fille de Charles-le-Téméraire, duc de Bourgogne, son unique héritière. Louis XI tâcha d'empêcher cette alliance par les intrigues de Robert Gagin, chef des Trinitaires. Mais l'inclination de la jeune duchesse fut d'accord avec la politique impériale et le mariage eut lieu. L'année suivante, l'archi-duchesse donna le jour à un prince, appelé Philippe, lequel devint l'époux de Jeanne-la-Folle, et le père de Charles-Quint puis, eut Marguerite, que Louis XI demanda aussitôt pour son fils, et qui partit pour la France avec sa gouvernante, à l'âge de trois ans. Maximilien fit ensuite la guerre aux habitants des Pays-Bas révoltés. Peu d'années après son installation en France, la jeune Marguerite fut renvoyée à son père, et Charles épousa Anne duchesse de Bretagne. L'Empereur éprouva un profond chagrin de cet affront, et se retira à Lintz pour y finir ses jours dans la solitude. Il y mourut à l'âge de 74 ans, d'une indigestion de melon.

Frédéric fut surnommé le *Pacifique* parce qu'il était peu disposé à la guerre. On assure que sa politique était peu loyale, et sa dévotion plus superstitieuse qu'éclairée.

Il était si sobre, que sa vie fut un jeûne continuel ; il ne buvait que de l'eau rougie. Il eut quatre

enfants d'Eléonore, fille d'Edouard, roi de Portugal,
Maximilien, Hélène, duchesse de Milan, Jean et
Albert qui moururent jeunes.

MAXIMILIEN

1493-1519

Maximilien, qui avait été couronné roi des Romains, reçut la couronne impériale du consentement de tous les électeurs. Il porta sur le trône
les qualités requises pour faire les grands princes.
Il parlait avec éloquence, il aimait les lettres et
les sciences. Il se remaria, peu après la mort de
Marie de Bourgogne, avec Blanche Sforza, regardée comme la plus belle princesse de son temps,
et possédant une fortune de 460,000 ducats. L'Empereur fiança aussi son fils Philippe, avec Jeanne,
seconde fille de Ferdinand-le-Catholique, qui devint plus tard son héritier par la mort de son
frère Juan, et de sa sœur Isabelle, reine de Portugal.

Une ligue fut formée alors, par l'Empereur, le
pape Alexandre VI Borgia, leurs majestés catholiques et le duc de Milan, contre Charles VIII,
dont les progrès en Italie, et les prétentions sur
Naples, effrayaient tous les souverains.

Le Pape et les princes d'Italie n'eurent pas
plus tôt vu le roi de France maître de Naples, qu'ils
formèrent une nouvelle ligue contre ce monarque;
ce fut alors que Maximilien fiança aussi sa fille

Marguerite avec Don Juan, fils unique de leurs majestés catholiques. Cependant, le roi Charles VIII pensait effectuer son retour en France avec rapidité, avant que les alliés pussent s'opposer à son passage. Ce fut alors, qu'eut lieu à Fornoue près de Parme, le célèbre combat où les Français se couvrirent de gloire, en forçant le passage malgré le nombre de leurs ennemis. Cette victoire ne fut cependant que le dernier éclair de leur fortune. Le duc d'Orléans, resté vice-roi à Naples, fut forcé de rentrer en France, après s'être vu enlever par les impériaux toutes les possessions dues aux armes de son souverain.

Vers ce temps-là, Charles VIII étant mort presque subitement à Amboise (1408), le duc d'Orléans lui succéda, sous le nom de Louis XII. Il prétendit avoir des droits sur le duché de Milan, et partit avec une jeune noblesse avide de gloire, pour les faire valoir. Bientôt Sforza trahi par ses officiers, se retira sans résistance, et Milan et Gênes reçurent des garnisons françaises. Ayant fait une entrée magnifique dans ses nouvelles possessions, Louis y nomma des gouverneurs, et rentra en France. Cependant, Crivelac, qui commandait à Milan, se rendit odieux par ses cruautés; il opprima à un tel point les Gibelins qu'ils commencèrent à cabaler contre lui, et Louis XII aurait été dépossédé de sa conquête, s'il ne fût venu en personne la défendre. Ayant fait peu après une alliance avec Ferdinand, Louis, avec les ducs d'Amboise et de la Trémouille, fit la conquête du royaume de Naples. Il se partagea avec le roi d'Espagne les dépouilles du malheureux Frédéric II, roi de Naples; celui-ci s'en rapporta à la générosité du roi de France, qui lui donna l'Anjou à lui et à ses héritiers.

Louis tâcha ensuite, de négocier le mariage de sa fille Claudine, avec le jeune Charles, âgé de 3 ans, fils de l'archiduc Philippe, projet rompu à la mort de ce dernier, qui arriva l'année suivante, à Burgos. Il laissa ses deux fils, sous la tutelle de Louis XII, comme du plus honnête homme de l'Europe. Cependant, la valeur de Gonsalve de Cordoue, appelé le grand capitaine, ayant chassé les Français de Naples, un nouveau traité fut conclu avec Ferdinand, qui accorda à Louis XII une somme considérable pour qu'il renonçât enfin à ses droits, sur ce royaume qui avait coûté tant de sang à ses sujets.

A cette époque, le pape Jules II, après avoir annoncé le projet d'une croisade contre les Turcs, tourna tout-à-coup sa politique contre le roi de France, et l'Empereur forma un projet des plus étranges. Il ne se proposa rien moins que de se faire le champion des intérêts du roi de France, de gagner les cardinaux et de se faire nommer Pape. Il tint ce projet secret, ne le confia qu'à quelques amis et emprunta une somme considérable aux premiers négociants de l'Allemagne.

Le concile de Pise, tenu en 1511, fut réuni par
le Pape pour pacifier les choses. Le Pape y mit
tout en œuvre, pour détacher l'Empereur du roi
de France, qui perdit bientôt toutes ses possessions en Italie. Jules mourut après avoir deviné
les tentatives de Maximilien pour arriver au trône
pontifical. Mais ce dernier ne put se faire un
parti, et l'élection se porta sur Léon X, le grand
protecteur des arts et des sciences.

François Ier, successeur de Louis XII fit aussi
la conquête de Naples et y laissa le duc de Bourbon, comme gouverneur. Ferdinand étant mort,
Maximilien envoya le jeune archiduc Charles à
Milan, pour former un traité avec le roi de France;
on y projeta le projet du mariage de Charles avec
Renée, sœur de la reine Claude de France, et on
lui fixa pour dot la moitié de Naples.

Ce fut à cette époque qu'un événement aussi
malheureux que célèbre vint agiter le monde. Un
moine saxon, nommé Martin Luther, attaqua avec
violence d'abord les abus, puis l'unité même de
l'Eglise. Emporté par l'orgueil et une aveugle colère, il leva contre le Pape l'étendard de la révolte.
Grâce à l'appui de quelques princes allemands
intéressés à profiter des dépouilles du clergé, il
fonda un religion nouvelle. Ses sectateurs prirent
le nom de protestants, parce qu'ils protestèrent
contre un décret lancé par la diète de Spire, en

attendant de protester contre tous les enseignements positifs de l'Eglise.

En France Calvin marcha sur les traces du prétendu réformateur allemand et le dépassa bientôt. D'affreuses persécutions eurent lieu contre les novateurs, qui les rendirent avec usure, partout où ils se virent plus forts que les catholiques. La religion de Jésus-Christ toute d'amour et de pardon n'a jamais pu autoriser les supplices pour détruire le schisme et l'hérésie. Le protestantisme valut un siècle et plus de déchirements et de guerres civiles à l'Allemagne, à la France, à l'Angleterre et aux Pays-Bas.

Bientôt, Maximilien négocia pour obtenir l'élection de son petit-fils Charles, à l'empire ; après avoir vu réussir ses projets, il mourut d'une fièvre lente à l'âge de 69 ans. On assure que ce fut, comme son père, pour avoir mangé du melon avec excès au retour d'une chasse. Ce fut un prince aimable, sobre et modeste; il aimait les lettres et la poésie. Il ne laissa qu'un enfant, Marguerite, veuve de Philibert, duc de Savoie, et gouvernante des Pays-Bas, et deux petits-fils : Charles et Ferdinand d'Espagne.

CHARLES V OU CHARLES-QUINT,

ROI D'ESPAGNE ET EMPEREUR

1537-1556

Charles-Quint, fils de Philippe d'Autriche et de

Jeanne, fille et héritière de Ferdinand-le-Catholique, naquit à Gand en 1510. Il passa ses premières années sous les yeux de sa tante Marguerite, l'une des femmes les plus accomplies de son siècle.

Charles était déjà roi d'Espagne, de Naples et des Pays-Bas, par la mort de son grand-père, lorsqu'il devint Empereur. François Ier s'était déclaré son compétiteur; il avait envoyé un ambassadeur avec quatre cent mille écus pour confirmer les traités qu'il avait déjà faits avec plusieurs électeurs qui lui avaient promis leurs suffrages. Charles fut cependant élu à Francfort, puis il se rendit en Angleterre, pour avoir une entrevue avec Henri VIII, son oncle. Bientôt la guerre éclata entre les deux rivaux.

Charles s'empara du Milanais, qui appartenait à François, ainsi que de Parme et de Plaisance, malgré tous les efforts du duc de Lautrec.

François riposta en s'emparant de la Flandre et de plusieurs places importantes. En même temps, arriva la défection du connétable, duc de Bourbon, qui appartenait à la famille royale de France, et qui irrité d'un jugement inique qui le dépouillait de ses biens, conspira avec l'Empereur et le roi d'Angleterre pour démembrer sa patrie. Ce traître prit le commandement de l'armée ennemie. L'illustre Bayard le combattit plusieurs fois, et ce fut deux ans plus tard, à la bataille de Romagnano que périt cet admirable guerrier, l'honneur et la gloire de la chevalerie française. Frappé à mort, il se fit descendre de cheval et, appuyé contre un arbre, ayant le visage tourné contre l'ennemi : « Ne lui ayant jamais tourné le dos pendant ma vie, je ne veux pas commencer à ma mort » dit-il; puis voyant le connétable de Bourbon qui déplorait son sort : « Gardez pour vous-même votre pitié, lui dit-il, vous qui portez les armes contre votre pays, votre roi et vos serments. »

Bourbon, vainqueur dans le Milanais, envahit la Provence, et assiégea Marseille. Le roi de France accourt, et l'ennemi se retire en désordre. Animé par la victoire, François poursuit les ennemis jus-qu'en Italie. Il assiégeait Pavie lorsque parut une nouvelle armée espagnole. On conseilla à François de lever le siége, mais il ne voulut pas reculer contre un sujet rebelle et livra cette bataille célè-bre où, *tout fut perdu, fors l'honneur*, comme il l'écrivit à la reine Louise de Savoie, sa mère, ré-gente pendant son absence. Le roi fut conduit prisonnier à Madrid, où Charles le traita avec les honneurs dus à son rang.

La Reine régente ayant mis promptement le royaume en état de défense, conclut une alliance avec le roi d'Angleterre et les princes d'Italie, ef-frayés de la puissance de Charles-Quint. L'Empe-reur cependant déterminé à rendre la liberté au roi de France, conclut avec lui le traité de Madrid, par lequel François Ier renonçait à ses prétentions sur Naples et le Milanais, cédait la Bourgogne, et promettait de laisser ses fils en otage, jusqu'à l'accomplissement du traité.

A peine François fut-il en liberté, qu'il refusa d'exécuter ses promesses, alléguant que les Etats généraux s'opposaient à la cession de la Bourgogne. Aussi la guerre ne tarda-t-elle pas à se rallumer. Cependant la paix fut signée en 1529 et prit le nom de paix des Dames, parce qu'elle fut décidée par Marguerite d'Autriche et Louise de Savoie. François paya deux mille écus d'or pour la rançon de ses fils.

Humilié par un traité onéreux, François profita de la paix pour préparer une nouvelle guerre. Il se ligua avec les Vénitiens, et chercha à se concilier le Pape. On assure même qu'il alla jusqu'à engager Soliman, sultan de Constantinople, à envahir les états de son rival. Bientôt les deux princes se défièrent dans un combat singulier qui n'eut pas lieu.

Charles cependant après avoir dépouillé l'infortuné duc de Savoie, son oncle, de tous ses états, entra en Provence, où après plusieurs combats ruineux pour les deux souverains, une trève de dix ans fut signée à Nice.

L'Empereur passa ensuite en Afrique, pour une guerre chevaleresque, contre les Maures. Il remporta une grande victoire sur le dey de Tunis, obtenant la liberté de vingt-deux mille prisonniers, esclaves chrétiens.

La loyauté de François permit à Charles, en 1539, le passage dans son royaume, pour aller punir les Gantois révoltés, à condition qu'il donnerait le Milanais à l'un de ses fils. Cette promesse fut niée et la guerre allait recommencer encore lorsque mourut le roi de France.

Délivré de son infatigable rival, Charles-Quint s'occupa des affaires de la religion. Il publia un édit contre tous les sectateurs de Luther et se proposa de punir par l'Inquisition ceux qui n'observaient pas cette loi. Mais auparavant, afin d'essayer de calmer l'irritation des esprits, il convoqua la diète d'Augsbourg, où après de longs débats, on arrêta que ni les catholiques ni les protestants ne seraient maltraités pour cause de religion, que tous les différends qui naîtraient entre eux, seraient jugés d'après les lois de l'Etat, mais que, si quelques ecclésiastiques renonçaient à leur religion, ils seraient dépouillés de leurs bénéfices, tout en ayant la vie sauve ; loi très-sage, qui malheureusement ne fut pas toujours suivie par les successeurs de Charles.

Cependant l'Empereur voyant sa santé s'affaiblir et la vigueur de son esprit diminuer, prit la résolution de quitter les rênes du gouvernement et de goûter quelque repos. Il appela son fils auprès de lui, le nomma grand maître de la Toison

d'Or et lui céda la souveraineté de l'Espagne, de
Naples et des Pays-Bas. Il se détermina également
à céder l'Empire à son frère Ferdinand, par
un esprit de justice qu'on ne saurait trop admirer,
et donna son consentement au mariage de son
fils, avec Marie, reine d'Angleterre, sa cousine
germaine, Philippe étant veuf de Marie de Portugal, qui lui avait laissé un fils au berceau, Don
Carlos.

Le sacrifice de Charles-Quint était consommé.
Il fit ses préparatifs pour aller en Espagne assister
au couronnement de son fils. Il était accompagné
par ses deux sœurs, Eléonore, veuve du roi François Ier, et Marie, veuve du roi de Hongrie. On
assure qu'en débarquant en Espagne, Charles
baisa la terre et dit : « O terre bien-aimée, que
le Ciel répande sur toi ses bénédictions, je te donne
ma chair et mes os, seule offrande que je puisse
te faire aujourd'hui. » Il fut reçu par le clergé
et la noblesse, et donna sa bénédiction à son petit-
fils Carlos ; puis, il se rendit au couvent de St Just,
dans l'Estramadure où il prit l'habit religieux, et
vécut comme un simple moine. Il dit en entrant :
Je fais une chose, qui offre peu d'exemples dans
l'antiquité, et qui n'en aura point après moi. Il
mourut à cinquante-neuf ans d'une goutte remon-
tée.

Ainsi finit Charles-Quint, le prince le plus puissant qui ait occupé le trône impérial, depuis Char-

lemagne. Sa personne était agréable, il avait les yeux clairs, le nez aquilin, les cheveux blonds; il parlait plusieurs langues, et aimait les hommes d'esprit. On lui a reproché une politique souvent plus habile que franche, et d'avoir trop aimé la guerre et les plaisirs. Il fut plus avare que libéral, et jamais prince n'entrevît mieux l'économie. On lui reproche aussi d'avoir marié Philippe à la reine Marie, avec des conditions honteuses pour lui. Charles avait été présenté à un grand nombre de princesses, il n'en épousa qu'une, Isabelle, infante de Portugal, sa cousine, mère de Philippe II, de Marie qui épousa Maximilien II, empereur d'Allemagne, et de Jeanne qui fut mariée avec l'infant Jean de Portugal. Charles laissa aussi un autre fils, le célèbre Don Juan, le héros de la bataille de Lépante.

FERDINAND Ier

1556-1564

Ferdinand qui succéda à son frère Charles-Quint, était déjà roi de Bohême du fait de sa femme. On lui avait inspiré de bonne heure le goût des belles lettres, pour lesquelles il eut toujours un attachement extraordinaire. Le pape Pie IV ne voulut pas d'abord le reconnaître ; il soutint qu'il devait se soumettre à une seconde élection. La mort du Pape et l'élection de Paul V, qui se hâta de reconnaître l'Empereur, firent cesser un état de choses qui pouvait devenir des plus fâcheux pour le catholicisme.

Tous les souverains catholiques sollicitèrent alors un concile du Pape pour arrêter les progrès du protestantisme. Le concile de Trente s'ouvrit et ce fut Jules II qui en donna les bulles. Ferdinand mit tout en œuvre pour réunir les protestants aux catholiques, et faire cesser toute animosité entre les deux partis. Il mourut dans sa 68me année, dans la ville de Prague. Il laissa la réputation d'un prince plein d'équité, de prudence et de modération. Attaché sincèrement à la religion catholique, il ne témoigna pas de son zèle, en employant le fer et le feu contre les protestants, comme plusieurs de ses contemporains, et il s'efforça de terminer les querelles religieuses, par la force de la vérité, et des conférences pacifiques.

MAXIMILIEN II

1564-1576

Maximilien II, fils aîné de Ferdinand, fut élevé en Espagne, auprès de Charles-Quint son oncle. Il avait trente-sept ans à la mort de son père, et était déjà roi de Bohême et roi des Romains. Son élection eut lieu à Francfort et faillit manquer par la mort de l'Electeur de Bavière.

Maximilien se montra le digne héritier de toutes les vertus de son père ; il observa les mêmes règles de conduite dans toutes les guerres de religion. Quelqu'envie qu'il eût de vivre en paix, il fut cependant obligé de prendre les armes contre Sigismond, prince de Transylvanie, qui avait pris le titre de roi de Hongrie. Cette guerre fut longue et en entraîna une autre, avec la Turquie, qui soutenait les droits de l'usurpateur.

Maximilien apprit avec une profonde douleur les cruautés du duc d'Albe, dans les Pays-Bas pour forcer les consciences. Il envoya son frère, l'archiduc Charles, à son cousin Philippe II, pour l'engager à plus de modération. Sur ces entrefaites le roi d'Espagne, le duc de Savoie Philibert-Emmanuel, le Pape, les Vénitiens et Malte réunirent leurs forces contre les infidèles. L'armée s'assembla dans le golfe de Lépante, sous la conduite du duc Juan, fils de Charles-Quint. Il s'en suivit un combat mémorable, où les Turcs furent complètement battus. Quoique l'Empereur ne fût pas entré dans cette ligue, à cause d'une trêve qu'il avait conclue, il ordonna dans ses Etats de grandes réjouissances ponr célébrer cette victoire du catholicisme. Maximilien fit ensuite nommer roi des Romains, son fils Rodolphe.

Cet excellent Empereur fut enlevé bien jeune à l'amour de ses sujets, à l'âge de 52 ans. Il était de la plus grande affabilité ; personne ne se plaignit jamais d'avoir reçu de lui un refus, où une parole dure ; il fut tendre père et époux fidèle ; il vécut 29 ans avec Marie d'Autriche, son épouse, dans la plus parfaite intelligence; il en eut quinze enfants dont plusieurs furent archevêques, et plusieurs filles religieuses.

RODOLPHE II
1576-1611

Rodolphe parvint au trône, à l'âge de vingt-quatre ans. Il y porta toutes les vertus de son père, moins la résolution et l'énergie si nécessaires dans le commandement. Son seul désir, en entretenant la paix entre les princes chrétiens, était de résister aux efforts des infidèles. Cédant cependant aux instances du roi d'Espagne, il restreignit la liberté de conscience, accordée aux protestants d'Autriche.

A cette époque, Truschsess de Waldbourg, archevêque de Cologne, embrassa le protestantisme et épousa publiquement une chanoinesse, fille du comte de Mansfeld. L'Empereur après avoir mis tout en œuvre, pour faire rentrer l'apostat dans le devoir, le chassa de son siège, et défendit d'exercer dans ses Etats toute autre religion que la catholique.

L'Empereur eut ensuite à soutenir avec le sultan Amurat, de longues guerres dans lesquelles son frère l'archiduc Mathias se couvrit de gloire. Les Hongrois résolurent alors de nommer Mathias leur gouverneur, et bientôt, reconnaissants de le voir repousser les Turcs qui menaçaient leurs frontières, et pour anéantir toutes les prétentions de Léopold et de Ferdinand de Hongrie, que

l'Empereur voulait rétablir sur le trône de leurs
pères, ils élurent Mathias leur roi, à condition
qu'il leur accorderait le libre exercice de la religion calviniste, qu'une partie de ce royaume
avait embrassée. Les protestants de Bohême envoyèrent aussi un ambassadeur à Mathias, lui persuadant qu'il obtiendrait le trône de Bohême, au
même prix, et réunirait ainsi les deux Etats.
L'Empereur violemment irrité contre son frère,
prit des mesures pour s'opposer à ses desseins
lorsque les électeurs craignant la suite de cette
querelle, persuadèrent à l'archiduc de se soumettre, ce qu'il fit aussitôt, et Rodolphe lui accorda
la Hongrie en apanage et lui promit le royaume
de Bohême, s'il mourait sans héritiers mâles. Cependant, l'Empereur malgré les sollicitations de
ses peuples de se marier, refusait toujours ; on le
pressa alors de choisir un roi des Romains.

Mathias épousa la même année, Anne-Catherine
de Bavière. Les noces furent célébrées à Munich,
avec une grande magnificence.

Rodolphe cependant, devenait de jour en jour
plus mélancolique et plus sombre. Dans cet état,
il fut saisi d'une inflammation de poitrine, dont il
mourut à l'âge de 59 ans, après un règne de 36
ans. Il n'avait jamais été marié, et légua à son
successeur beaucoup d'or et de pierreries. Ce
prince fut remarquable par sa douceur, sa déli-
catesse et la vivacité de son esprit. Ces qualités

lui donnèrent la réputation d'un prince accompli,
avant qu'il montât sur le trône. Mais ensuite on
reconnut qu'il avait plus les vertus d'un particu-
lier que celles d'un roi. Rodolphe avait un grand
goût pour la chimie. Tycho-Braché vécut sous son
règne et fut comblé de ses bienfaits.

MATHIAS
1612-1617

Mathias instruit de la mort de l'Empereur, quitta
Vienne sur le champ, et arriva à Prague. Il fit
arrêter Rocius, qui favorisait le parti de l'électeur
de Bohême. Le malheureux persuadé, qu'il n'avait
point de pardon à attendre s'empoisonna, et son
corps fut écartelé. Peu après, Mathias fut élu Empereur, et reçut des ambassadeurs de la Perse et
de la Russie.

A l'exemple des empereurs de sa maison, Mathias voulut réconcilier les protestants avec les catholiques, mais ses efforts ne furent pas plus heureux. Il assembla ensuite une diète à Ratisbonne,
où se discuta la grande question de la succession
de Clèves, et où l'Empereur résolut d'assurer la
couronne de Bohême à son cousin Ferdinand
d'Autriche. Ce prince se présenta aux Etats assemblés. L'Empereur le leur recommanda après
leur avoir fait observer que ses frères Maximilien
et Albert, qui n'avaient point d'enfants comme lui,
cédaient leurs droits à Ferdinand, dans le but de

prévenir tous les maux, qui tomberaient sur le royaume si à la mort de l'Empereur, il manquait de chef. Ce motif fit impression, et Ferdinand fut couronné solennellement.

Cependant les protestants se soulevèrent en Silésie et en Bohême. L'Empereur donna aux catholiques des fiefs de la noblesse protestante, et la révolte devint une guerre ouverte. Telle fut l'origine de cette guerre qui ensanglanta trente ans l'Europe. Frédéric attribuant la révolte au cardinal Freset, qui gouvernait l'Empereur, le représenta comme un homme ambitieux et turbulent, et lui ayant fait faire son procès, il le dépouilla de la robe de cardinal et le fit enfermer cinq ans. Le comte de Latour, protestant hardi et vindicatif, profita de cette circonstance pour se mettre à la tête des prétendus opprimés, et s'emparant des places fortes de la Bohême, il ramassa de l'argent, et se posa en chef de la rébellion. La guerre fut longue et meurtrière ; on en venait à un accommodement après des victoires de part et d'autre, lorsque l'empereur mourut, six mois après son frère Maximilien et la reine Anne-Catherine, dans sa 66e année, et la douzième de son règne. Lorsqu'il se sentit près de sa fin, il prit Dieu à témoin que son principal désir avait été de rétablir la paix en Bohême. Il laissa la réputation d'un prince vertueux et courageux, mais de peu de capacité, comme souverain.

FERDINAND II

1617-1637

Ferdinand monta sur le trône dans des circonstances difficiles ; les Etats lui refusèrent le serment de fidélité, lui répondant que les affaires étaient si embrouillées, qu'ils ne savaient pas ce qu'ils feraient. Bientôt Latour, chef des protestants, leva l'étendard de la révolte, et marcha sur Vienne. Il paraissait si certain de la victoire, qu'il avait déjà réglé la forme du gouvernement qu'il voulait établir en Autriche, d'où il comptait chasser tous les princes de cette maison. Cependant le comte de Buquoy qui commandait l'armée impériale, tomba avec tant de furie sur les révoltés qu'ils les défit complétement, et s'empara de quinze cents prisonniers. Latour alors entra en accommodement avec l'Empereur qui sauva un royaume et les plus riches provinces de sa couronne.

Latour voulut cependant continuer la guerre, et ayant rallié les protestants, il livra une bataille terrible aux Autrichiens, où il laissa 3,000 hommes sur le champ de bataille. Cependant la Bohême avait élu pour roi Frédéric V, gendre de Jacques Ier, roi d'Angleterre, duc de Saxe. Ce royaume ne reconnaissait plus les lois de Ferdinand. L'Empereur prévoyant alors que la guerre allait devenir générale, chercha à se faire des alliés.

Le Pape lui promit de lever une somme considérable sur le clergé; le roi d'Espagne lui promit 11,000 hommes; la reine régente de France parut oublier les mesures politiques de cette couronne qui favorisait toujours les ennemis de la maison d'Autriche en promettant de donner des troupes.

Jacques Ier voulut garder la neutralité, mais toute l'Europe, était en feu. La ligue catholique commença à marcher sur Prague où les Bohêmiens voulaient enlever la couronne au roi, qu'ils s'étaient donné pour élire l'électeur palatin, qui s'était mis à la tête des mécontents. L'Empereur remporta une victoire signalée, et entra en triomphateur à Prague. La femme et les fils du comte de Latour, furent mis en prison, avec un grand nombres de nobles. Le duc de Saxe fut mis au ban de l'Empire; sa femme donna le jour au prince Maurice, en 1620, dans le village de Castherino. Les victoires qui suivirent, augmentèrent la jalousie des princes protestants. Tilly qui avait succédé à Buquoy et Wallenstein, qui était un des plus grands généraux de l'Empire, dépouillèrent l'électeur palatin de ses Etats. Le roi de Danemarck, qui succéda à ce dernier comme champion des protestants, fut également battu à Lutter, et forcé à signer la paix en 1626.

Mais alors Gustave-Adolphe de Suède, le héros du Nord, le défenseur des protestants et leur libérateur, comme on l'appelait alors, entra en Allemagne, et remporta une victoire signalée à Leipzick sur les impériaux, commandés par Tilly ; en 1631, il conquit les deux tiers de l'Allemagne, et perdit la vie l'année suivante à la bataille de Lutzen. Banier, général du roi mort, continua ses conquêtes, et soutint la réputation des armes suédoises. L'année suivante, l'Empereur conclut la paix de Prague, et fut assez heureux, deux ans après, pour faire nommer son fils roi des Romains.

Enfin, après un règne toujours troublé par des guerres intestines et étrangères, Ferdinand mourut en 1637 à l'âge de 59 ans.

Malgré les éloges que les historiens ont fait de ce prince, il semble qu'il ne naquit que pour le malheur de son pays. Il plongea l'Empire dans les calamités d'une guerre civile et intestine, pour satisfaire son orgueil et son ambition ; tout le succès de ses armes, il le dut, à la capacité de ses généraux. On ne peut lui refuser cependant de la grandeur d'âme et une patience admirable dans les revers. Il aurait été le restaurateur de la religion catholique en Allemagne et de l'autorité impériale, s'il eût eu pour l'une et pour l'autre un zèle plus réglé.

Ferdinand eut pour femme Eléonore de Mantoue, qui lui donna Ferdinand III et plusieurs filles ; son fils avait épousé en 1632, Marie-Anne, sœur de la reine de France et fille de Philippe III.

FERDINAND III
1637-1657

La guerre désola l'Allemagne pendant tout le règne de Ferdinand II ; celui de son fils se passa en grande partie en négociations. L'ancien roi avait pensé un moment à marier son fils avec Christine, fille de Gustave, qui avait sept ans à la mort de son père ; mais la politique lui fit préférer la fille de Philippe III.

Le duc Vastin qui avait succédé à Gustave dans le gouvernement de ses armées, s'avança pour combattre de nouveau les impériaux et un grand nombre d'officiers allemands tombèrent aux mains des vainqueurs. Cette victoire fut suivie de la réddition de Rotterdam et de Neubourg. L'empereur voyant que par les armes, il ne pouvait arrêter les progrès de Banier, général suédois, eut recours à la ruse et le général suédois manqua d'être sa victime. La régente de Suède, croyant Banier engagé dans une conspiration contre elle, lui refusa les pouvoirs qui pouvaient assurer ses triomphes. Le cardinal de Richelieu fit mettre en prison à Vincennes Charles-Louis, prince palatin, qui avait des prétentions à la succession du prince de Weimar. La jeune reine de Suède et le roi d'Angleterre sollicitèrent sa liberté et ne l'obtinrent qu'en signant un traité d'alliance avec la France.

Le duc de Weïmar remporta quatre victoires en moins de quatre mois. Banier ne fut pas moins heureux sous ce règne, que sous le précédent ; il vint assiéger Ratisbonne, pendant que l'Empereur y tenait sa diète, foudroya la ville de son canon et sans un dégel il s'en rendait maitre. Les Français s'étant joints aux Suédois, le maréchal de Guébriant enleva Lumbec en 1643. Le grand Condé força l'année suivante les retranchements de Fribourg, et gagna en 1645, la bataille de Nor-lingue dans cette même plaine, où les Suédois avaient été vaincus. Ferdinand fatigué de tant de revers, conclut enfin en 1648 la paix de Westphalie. Les traités signés à Munster et à Osnabruck ont été longtemps le code politique de l'Allemagne. Par cette paix les rois de Suède devinrent princes de l'empire en se faisant céder la plus belle partie de la Poméranie. Le roi de France devint landgrave de l'Alsace, et les trois religions, romaine, luthérienne et calviniste furent également autorisées. Il n'y eut que le Saint-Siége qui fut offensé de ce traité ainsi que le roi d'Espagne.

Le général Banier mourut avant le traité de Westphalie, épuisé de fatigues ; il avait appris le grand art de la guerre sous Gustave-Adolphe, et l'égala presque en réputation. Il se rendit célèbre par sa modération et son humanité, ayant toujours en horreur l'effusion du sang autant que les circonstances le permettaient.

L'Empereur avait le plus grand désir de voir son fils roi des Romains et, sans attendre l'ouverture de la diète d'Osnabruck, il proposa aux états d'élire le jeune prince, Ferdinand-François, ce qu'ils firent à l'unanimité. On délibéra ensuite sur les plaintes que différents états avaient portées contre la France.

La partie de la Poméranie, cédée à Gustave, successeur de Christine, se plaignait aussi de ce qu'on n'avait aucun égard à ses droits et diverses négociations commencèrent pour faire exécuter les traités.

L'Empereur, l'Impératrice et le roi des Romains se rendirent ensuite à Vienne, et y firent une entrée magnifique. Mais cette allégresse se changea bientôt en tristesse, lorsque le prince Ferdinand fut attaqué de la petite vérole et mourut dans la 20me année de son âge. L'Empereur proposa alors pour lui succéder son second fils, Léopold, qui fut élu l'année de la mort de l'Empereur qui arriva à Vienne en 1657. Le règne de Ferdinand fut rempli par de grandes guerres et de longues négociations ; il supporta ses revers avec courage et ses triomphes avec modération ; il fut religieux, libéral, aimé de ses sujets. Ce fut sous son règne qu'on régla l'ordre des princes et seigneurs de l'Empire dans les diètes ; il fut convenu que les électeurs ecclésiastiques auraient la droite, et les laïques la gauche. L'empereur Ferdinand eut trois

femme : Marie-Anne d'Autriche, fille de Philippe III, Léopoldine d'Autriche, fille de Léopold
son oncle, et Thérèse de Mantoue. Il eut quatre
fils : Ferdinand, roi· des Romains ; Léopold qu
devint Empereur ; Charles, évêque de Prague,
Charles, duc de Lorraine, et deux filles : Anne-
Marie qui épousa Philippe IV et Eléonore qui devint reine de Pologne.

LÉOPOLD Ier

1657-1705

Le commencement du règne de Léopold fu
consacré à des négociations avec la France et la
Suède ; puis les Turcs ayant fait une irruption en
Hongrie, l'Empereur convoqua une diète, pou
demander des secours aux puissances étrangères
Le comte de Setni s'avança au commencement d
l'année 1664 pour prendre le port d'Emk qui ap
partenait aux Turcs, et plusieurs citadelles, c
qu'il exécuta avec habileté. Un long siége retard
ensuite les progrès de la campagne, et ce ne fu
que le 5 août que le comte de Setni gagna la cé
lèbre bataille de St-Godard, qui repoussa les Turc
pour quelques années hors du territoire de l'Em
pire.

Peu après, les Hongrois mécontents des impôt
dont on les surchargeait pour faire réparer leur
places fortes, formèrent une conspiration avec le
Turcs, et ils s'engagèrent à leur remettre plusieur

citadelles, si le grand vizir consentait à leur donner 100,000 hommes pour soutenir ce qu'ils appe-
laient leurs priviléges. Les chefs de cette conspiration étaient trois seigneurs qui, après avoir
vaillamment défendu leur pays, entrèrent par orgueil offensé dans une coupable conspiration,
contre leur Souverain. Trahis par un secrétaire,
ils furent convaincus du crime de haute-trahison,
et furent condamnés à être dégradés de leur noblesse, à avoir la main coupée et à être déca-
pités.

Cependant Louis XIV, se préparait à envahir la
Hollande. Il avait pris ombrage de la triple alliance,
conclue entre cette puissance et les rois d'Angleterre et de Suède, pour assurer la tranquillité de
l'Europe. Toute l'Allemagne fut bientôt en feu,
et la guerre devint générale. Louis XIV, ouvrit la
campagne par le siége de Besançon, dont la garnison se rendit prisonnière de guerre. Turenne vo-
lait de victoire en victoire; il vainquit à Sintzheim,
le duc de Lorraine et défit six mille chevaux près
de Mulhouse ; il fit prisonniers, les généraux
Cajuare et Dunewald. Le grand capitaine étendit
ensuite son armée le long du Rhin, pour empêcher
les Impériaux de le passer. Turenne se porta
à Sasbach, voulant défendre ce château jusqu'à la dernière extrémité. Montecuculli, général allemand, accourut aussitôt dans le dessein de
combattre, et vers midi le canon commença à se

faire entendre. Turenne, trouvant ses batteries trop basses pour répondre aux assiégeants, monta avec quelques officiers sur un terrain élevé, pour y faire placer une batterie, lorsqu'il reçut un boulet en pleine poitrine, et tomba mort sur le cou de son cheval. Après la mort de ce grand général, les Français repassèrent le Rhin, les Impériaux reprirent Trèves, et repoussèrent les Francais.

Le duc de Lorraine étant mort au commencement de 1678, son neveu lui succéda, et laissa ses troupes en Allemagne, pour rejoindre l'armée de Montecuculli, dont il prit le commandement, le vieux général étant vaincu par ses infirmités. Le Duc de Lorraine, un des plus grands généraux que la maison d'Autriche ait jamais eus, marcha contre le Duc de Luxembourg, pour reprendre Philipsbourg. Le Rhin en se débordant tout à coup, emporta les tranchées, et le Duc de Luxembourg alla assiéger Fribourg. Après la reddition de Philipsbourg, le Duc de Lorraine, se proposa de forcer Luxembourg de combattre, ou de passer le Rhin. Le duc de Créqui prit Fribourg ; et rasa Valkin, pendant que le Duc de Lorraine était allé conclure son mariage avec Eléonore, fille de l'Empereur. Peu après le Duc de Lorraine, entra en vainqueur dans l'Alsace et s'empara de Strasbourg, en repoussant Créqui.

Cependant, l'Empereur mécontent de nouveaux troubles, en Hongrie, envoya un ambassadeur à

Presbourg, qui proposa d'établir une Cour Souveraine. Les Hongrois menaçaient toujours de secouer le joug de la maison d'Autriche, et de se choisir un roi de leur nation, forts du secours que leur promettaient les Turcs, et une guerre longue et meurtrière commença avec eux.

Telle était la situation des affaires en Hongrie, lorsque les puissances de l'Europe, négocièrent la paix de Nimègue. Le Roi de France avait dicté les conditions auxquelles il voulait bien faire la paix avec l'Empire. Il demanda que la Franche-Comté fût toute réunie à la couronne, ainsi qu'une partie de la Flandre espagnole. Le traité fut signé le 1ᵉʳ fevrier 1679.

Cependant l'année suivante la guerre recommença, le baron de Mouncla campa à quelques lieues de Strasbourg. Louvois en personne somma les habitants de se rendre à son maître, assurant qu'on ne voulait pas détruire leurs priviléges, mais les combler de bienfaits. Le grand vizir s'empara de son coté, de plusieurs places fortes sur le Danube, et Léopold se prépara à la fois à se battre contre les Turcs et contre la France. Le Duc de Lorraine et le prince Eugène de Savoie, à la solde de l'Empereur, remportèrent bientôt de nombreuses victoires, et les Hongrois furent forcés de recevoir comme roi, l'archiduc Joseph qui fut couronné à Presbourg, avec beaucoup de pompe. La France en 1689 recommença les hostilités pour

soutenir les droits de la Duchesse d'Orléans, à la
succession de l'électeur palatin. Le duc de Lorraine se rendit aussitôt à Vienne, pour concerter
avec l'Empereur les opérations de la campagne.
Le duc de Lorraine fit encore des prodiges de
valeur, il repoussa les Français et prit d'assaut
Bonn, Cronstadt, puis les troupes furent mises en
quartier d'hiver.

A la première diète, l'Empereur proposa la question de la sureté de l'Empire, menacé par Louis XIV,
et d'élire un roi des Romains. Il insista avec chaleur
sur ce dernier point, prétendant qu'en y procédant
sans délai on aurait plus de forces pour déjouer
les projets du roi de France. Joseph fut unanime-
ment élu et couronné. Le Duc de Savoie, Victor
Amédée II, entra dans une alliance avec l'Empereur et peu après Catinat se rendit maître du Pas-
de-Suze, et fit rapidement la conquête de la Savoie
et d'une partie du Piémont, voulant forcer le duc
de Savoie, roi depuis peu, à abandonner la
sainte alliance. Les Français durent la rapidité de
leurs conquêtes à la lenteur des Allemands et des
Espagnols qui s'occupaient à reprendre quelques
places. Le prince Eugène cependant, investit Car-
magnole, et dans l'espace de quinze jours força le
gouverneur de capituler. Victor-Amédée après le
traité de Ryswick, 1697, qui le faisait rentrer dans
ses possessions, fit une alliance avec Louis XIV
en donnant sa fille Adélaïde au duc de Bourgo-

gne, fils du Dauphin. Les deux souverains formèrent une ligue pour chasser les Impériaux de l'Italie. Peu après fut aussi conclu le mariage d'Isabelle;
seconde fille de Victor-Amédée avec le duc d'Anjou, appelé à la couronne d'Espagne.

Cependant Léopold, qui prétendait avoir des
droits à la couronne d'Espagne, pour son second
fils Charles, forma une alliance avec le roi d'Angleterre Guillaume, et la guerre appelée de la
succession d'Espagne, commença. Ce fut alors
que le duc de Savoie, craignant que son attachement à la France ne lui fût funeste, demanda au
prince Eugène de le recevoir dans la grande alliance. Louis XIV, le plus fier des souverains, écrivit à Victor-Amédée une lettre menaçante ; mais
celui-ci resta inébranlable dans sa résolution. Cette
fermeté faillit ruiner ses Etats. Les généraux
Catinat et Vendôme allèrent mettre le siége devant
Turin, et le duc d'Orléans prit le commandement
de l'armée. Les commencements du siége furent
terribles ; la ville fut bombardée à boulets rouges.
Les assiégés manquaient de vivres, et allaient se
rendre, lorsque le prince Eugène parut à la tête
de nombreux bataillons et sauva le Piémont d'une
ruine certaine. Le duc d'Orléans fut blessé et le
comte de Marsan mourut sur le champ de bataille
à ce siége mémorable. Le duc de Savoie marcha
alors de victoire en victoire, et reconquit toutes les
places qu'ils avait perdues. Cependant, le prince

Eugène, ce fameux général, cet habile négociateur,
qui fut le plus ferme appui du trône de Léopold ;
continuait ses victoires en Italie, se préparant à
aller bientôt soutenir les droits que l'archiduc
Charles prétendait avoir à la succession d'Espagne ; lorsque l'Empereur mourut d'une goutte re-
montée, après avoir occupé le trône impérial
pendant 49 ans. Au commencement de l'année
1704, son fils Joseph couronné roi des Romains
en 1690, lui succéda.

Léopold jouit de l'estime et de l'affection de ses
sujets, de beaucoup d'autorité dans les diètes, et
du respect des princes ses voisins. Il fut affable,
circonspect et bon politique. Par sa prudence, il
sut conserver sur sa tête la couronne, qui y chan-
cela souvent et il supporta avec courage toutes les
vicissitudes de la fortune. Il épousa en 1660 Marie-
Thérèse-Charlotte d'Autriche, fille de Philippe IV,
puis, après sa mort, Claudine, fille de son cousin
Ferdinand d'Autriche. Il eut deux fils, Joseph et
Charles qui parvinrent à la couronne impériale
et trois filles, dont deux moururent jeunes et l'autre devint reine de Portugal.

JOSEPH Ier

1705-1711

L'empereur Joseph en parvenant au trône fit
espérer la fin de la cruelle guerre qui désolai
l'Europe. Mais les troubles de la Hongrie soutenue

par le prince Ragolyki, qui obligea l'Empereur à
bannir les Jésuites de ses états, et qui après des
victoires, osa lui dicter des lois, rendirent l'avenir
menaçant. La guerre de la succession recommença avec une nouvelle fureur. Joseph força
Clément XI à donner le titre de roi à son frère,
en déclarant dépendants de l'Empire beaucoup
de fiefs qui avaient appartenu au Saint-Siége, et
montra dans ses prétentions beaucoup de fierté,
pour ne pas dire d'impertinence.

Après avoir ainsi rançonné le Pape, il fit mettre
au ban de l'Empire les électeurs de Cologne et de
Bavière, et les dépouilla de leurs droits avec beaucoup de violence. Le duc de Bavière étant mort
de chagrin, l'électrice était alors en Pologne avec
la reine, sa mère. Elle demanda un passeport pour
rentrer dans ses états. On le lui accorda, mais
lorsqu'elle fut arrivée aux frontières, on lui défendit de passer outre, sans lui en donner le motif.
Telle était la situation déplorable de la Bavière,
lorsqu'elle fut adoucie par l'intervention de la
reine d'Angleterre et l'électrice rentra dans ses
états. Joseph, à la diète de Ratisbonne, se fit lire
les actes par lesquels Léopold avait revêtu de la
dignité électorale le duc de Bavière et l'archevêque, selon les statuts de la Bulle d'or, puis il
les déchira et les foula aux pieds. La tête du nouvel électeur fut mise à prix, et ses enfants reçurent l'ordre de ne s'appeler que fils du comte de

Wilolpósopk. Le caractère ecclésiastique de l'électeur de Cologne, le sauva d'une pareille ignominie.

Toute l'Europe cependant blâma l'inflexibilité de l'Empereur, et les deux électeurs espérèrent que le maréchal de Villars les rétablirait dans leurs droits, et prouverait l'injustice de la sentence de l'Empereur. Le Duc opéra bien, en effet, une heureuse révolution par les succès de ses armes; mais il fut ensuite défait par Marlborough à Rumillies, tandis que le général Tallard l'était à Hochstett par le prince Eugène. La France que ces défaites successives avaient affaiblie, rassembla ses forces vers le Nord. Le maréchal de Villars pénétra dans le duché de Wurtemberg; il paraissait devoir reprendre l'offensive, quand Marlborough et le prince Eugène gagnèrent sur lui les batailles d'Oudenarde et de Malplaquet.

L'investiture du Milanais ayant été donnée à l'archiduc Charles, que le Pape appelait dans un bref : « Mon bien-aimé fils, le roi catholique ». Louis XIV, effrayé, envoya à Rome le maréchal de Tessé, pour renverser les négociations de l'Empereur.

Joseph, toujours animé de la même politique hardie, s'empara de la Mirandole, parce que le duc de ce nom avait passé dans l'armée française. Les alliés, victorieux dans le Nord, envoyaient des troupes jusqu'aux portes de Versailles. Louis XIV humilié demanda la paix à ces mêmes Hollandais qu'il avait traités jadis avec tant de hauteur. Elle lui fut durement refusée; ce n'était plus ce roi redoutable qui avait donné des lois à l'Europe à Ryswich.

Les secours que l'Angleterre avait envoyés à l'archiduc, lui firent gagner la bataille de Saragosse, mais l'arrivée du duc de Vendôme en Espagne, changea bientôt la face des choses. Il fut vainqueur à la célèbre bataille de Villa-Viciosa, et rétablit Philippe V sur son trône, en faisant d'un prince fugitif, un roi triomphant. Les paroles que Vendôme lui adressa un instant après le combat, sont remarquables : « Sire, je vous ai préparé le lit le meilleur et le plus glorieux où vous puissiez vous reposer. » Ce lit était composé de drapeaux et d'étendards enlevés aux ennemis. La révolution opérée en Espagne, donna les plus grandes inquiétudes aux alliés.

Cependant, la malheureuse bataille de Pultava avait changé la position de la Suède, de la Pologne et de la Saxe ; le héros qui avait détrôné le roi de Pologne, Stanislas Leczinski, et qui s'était fait craindre par toutes les puissances de l'Europe, n'était plus qu'un fugitif. Stanislas remonta momentanément sur le trône, l'électeur de Saxe se prépara à reprendre de nouveau la couronne de Pologne à Stanislas et toutes les puissances du

Nord eurent la liberté de dépouiller l'infortuné Charles XII.

Au commencement de 1722, Pierre-le-Grand, et le roi Auguste de Pologne, demandèrent à l'Empereur l'exécution du dernier traité ; toute la politique de Vienne était employée à empêcher les Turcs d'entrer dans la Hongrie on répondit ; que le traité s'observerait aussitôt que les Hongrois seraient vainqueurs de leurs redoutables voisins. Cependant la guerre ne se faisait plus que faiblement car Malborough était tombé dans la disgrâce de la reine Anne.

L'empereur Joseph mourut à Vienne, le 7 avril 1725, à 39 ans ; il avait épousé, en 1699, Eléonore de Brunswick, et avait eu trois enfants ; un fils qui mourut jeune, Eléonore qui fut reine de Pologne, et Hélène qui épousa l'électeur palatin.

Joseph a été peint d'une manière bien différente par les historiens ; moins affable, moins aimable, que son père, il était fier, emporté, vindicatif ; la moindre opposition à ses désirs le rendait furieux, et il porta souvent le ressentiment plus loin qu'en bonne politique il n'aurait dû le faire. Jamais Empereur de la maison d'Autriche ne gouverna avec autant de despotisme, et la maison de Bavière, sentit l'inflexibilité de son caractère. Ses succès augmentèrent son orgueil. Dans l'espace de cinq ans, il vit la Lombardie soumise, le Piémont évacué, et Naples réduite par ses armes. Le seul

revers de fortune qu'il ait éprouvé, fut la perte
de la bataille de Villa-Viciosa.

CHARLES VI
1711-1740

La reine Anne-Marie d'Angleterre traita avec
la France immédiatement après la mort de l'Empereur, et même lui fit exprimer le vœu d'une
paix séparée avec cette couronne, si les alliés voulaient continuer la guerre. La mort de Joseph fut
annoncée aux puissances par Eléonore, la reine
douairière, et l'électeur de Mayence fit convoquer
une diète à Francfort pour l'élection du nouveau
souverain, il adressa des lettres à tous les électeurs,
ceux de Bavière et de Cologne exceptés à cause de
leur proscription. L'Impératrice sollicita une place
a la diète pour l'Archiduc qui selon la loi, n'avait
aucun droit à y assister. Cependant l'électeur
de Bavière était gouverneur dans les Pays-Bas, au
nom de Philippe V ; et l'électeur de Cologne était
honorablement entretenu à Valenciennes, par la
France.

On s'occupa d'abord dans la diète des électeurs
proscrits, et on leur rendit leurs titres et leurs
droits, ensuite on procéda à l'élection d'un Empereur. On crut un moment que l'électeur de Saxe,
fils d'Auguste, qui résidait à Francfort avec beaucoup de magnificence, serait élu ; sa belle figure,
sa libéralité et l'affection de plusieurs électeurs fi-

rent courir ce bruit en Europe ; quand on apprit
tout-à-coup, que le choix de la diète s'était fixé
sur l'archiduc Charles, prince vertueux et modéré
qui fut immédiatement créé roi des Romains et
élu Empereur, sous le nom de Charles VI. Le collége électoral avait des raisons politiques pour
lui donner la préférence et l'électeur de Mayence
disait : que l'empire était une femme de haute
maison et sans fortune, qui, en exigeait une
grande pour son entretien, et que la maison
d'Autriche avait seule en Allemagne assez de revenus pour y suffire. Il entrait aussi dans la
politique allemande de donner à Joseph un successeur qui pût balancer la maison de Bourbon.

Après son couronnement célébré avec une
grande pompe, l'Empereur cédant malheureusement aux conseils de ses ministres, se décida à
soulever la guerre contre la France. La reine
Anne ayant fait la paix avec cette puissance, l'Allemagne marcha seule, et son héros le prince Eugène se rendit maître de la plupart des places de
la frontière, et menaça la Picardie et la Champagne. Son camp retranché était à Denain et il
assiégeait Landrecies. Villars sut lui donner
partout de fausses alarmes, et le prince Eugène
voulant défendre tous les postes à la fois, n'en
put sauver aucun ; il perdit même son artillerie
qu'il avait jetée précipitamment dans le Quesnoy,
le camp de Denain fut forcé et les troupes d'Eu-

gène mises en déroute. Cette bataille permit à la
France de conclure la paix sans déshonneur et
même sans sacrifices importants. Par le traité
d'Utrecht en 1713, les puissances alliées reconnurent Philippe, roi d'Espagne, à condition qu'il
abandonnerait ses droits à la couronne de France.

Le prince Eugène fut l'âme du traité d'Utrecht.
Le duc de Savoie eut la Sicile, l'Empereur Naples,
qui lui fut bientôt enlevée par Don Carlos de Bourbon, fils de Philippe V. Les Pays-Bas appartinrent
à l'Espagne et la maison de Lorraine obtint le
duché de Toscane.

Mais bientôt l'incendie de la ville d'Altona
ralluma la guerre avec la Suède. Le héros qu'on
a surnommé le Don Quichotte du Nord, Charles XII, vint, pour des projets de conquêtes extra-
vagantes troubler la paix dont jouissait à peine
l'Europe. Cependant les Suédois avaient repris
l'avantage sur les Russes et les Prussiens et le roi
de Pologne et le Czar assiégèrent Stettin en Poméranie. Cette ville était défendue par le général
Mayersfield qui joignait le feu de la jeunesse à l'ex-
périence de la guerre donnée par quarante campagnes. Il remporta une victoire signalée ; peu
après eut lieu au siége de Frédéricshall la mort
de l'intrépide Charles XII.

L'Empereur s'occupa ensuite de la grande œuvre de la *pragmatique sanction* ; il fit de grandes
concessions à la diète de Ratisbonne, pour obte-

nir des électeurs l'hérédité dans la maison d'Autriche, à défaut d'enfant mâle. C'était son projet favori, il était basé sur des principes qui n'étaient pas incontestables, puisqu'en faveur de sa propre fille, il dépouillait tous les descendants de Joseph, son frère aîné, ses deux filles s'étant mariées l'une au roi de Pologne, l'autre au prince électeur de Saxe.

Le prince Eugène, remporta d'éclatantes victoires sur les Turcs. La politique du cardinal Albéroni, premier ministre du roi d'Espagne, engagea l'Empereur à recommencer la guerre pour reprendre quelques provinces enlevées par la paix d'Utrecht. Une flotte espagnole débarqua en Sardaigne, et en moins de huit jours s'en empara. C'est alors qu'une quadruple alliance fut conclue à Londres. Don Carlos fut reconnu héritier des duchés de Parme et Plaisance, et l'on donna la Sardaigne au lieu de la Sicile à Victor-Amédée. La guerre cependant continua jusqu'au traité de Vienne, en 1745, dans lequel l'Empereur finit par faire admettre la *pragmatique sanction*. Charles VI, heureux par ses armes et ses traités, aurait pu l'être plus longtemps, s'il n'avait travaillé à faire exclure Stanislas du trône de Pologne, en faisant assurer à son neveu Frédéric-Auguste, le trône de son père Auguste, roi électif de ce royaume. Cette démarche ralluma la guerre.

Les Français prirent Trèves, Philisbourg. Le

maréchal de Villars, âgé de quatre-vingt-deux ans, termina sa glorieuse carrière par la prise de Milan. Le maréchal de Coigny, qui lui succéda, gagna les sanglantes batailles de Parme et de Guastalla. L'armée espagnole s'empara de Naples et de la Sicile en 1734, et le maréchal de Berwick chargé de la guerre d'Allemagne força le prince Eugène, jusque dans ses retranchements. Il se disposait à reprendre Philisbourg lorsqu'il fut enlevé à la France.

Charles VI, battu sur tous les points fut obligé de souscrire à toutes les conditions que Louis XV voulut lui imposer (1733). Le traité de Vienne conserva à Stanislas le titre de roi de Pologne, et lui donna le duché de Lorraine pendant sa vie. Le royaume de Naples fut assuré à Don Carlos, second fils de Philippe V. Le Milanais resta à l'Empereur et François de Lorraine, gendre de l'Empereur eut la Toscane, en dédommagement de la Lorraine qu'il perdait.

La mort du prince Eugène, arrivée peu après, fut un deuil pour toute l'Allemagne. Cet illustre guerrier était fils du comte de Soissons et d'Olympe Mancini ; sa grand'mère était une princesse de Carignan (Savoie) et Eugène prit son nom. Cet homme si dangereux à Louis XIV n'ayant pu, dit-on, obtenir un régiment en France, se décida à aller servir en Allemagne, contre les Turcs, en qualité de volontaire sous Léopold. Il fit ses premières armes avec l'illustre duc de Lorraine. Après sa mort, les Turcs se jetèrent sur les terres de la maison d'Autriche, et enlevèrent à l'Empereur la Valachie et la Servie.

Charles VI mourut à cinquante-sept ans. Il fut le dernier roi de la maison d'Autriche en ligne masculine, car il ne laissa qu'une fille. Il avait pour épouse la vertueuse reine Elisabeth de Brunswick. Ce prince avait plus de vertus et de modération que son frère, plus d'habileté dans ses traités, mais moins de courage et d'intrépidité dans les affaires de la guerre.

MARIE-THÉRÈSE
1740-1780

Cette princesse avait dix-neuf ans au moment de la mort de son père. Elle était l'objet de l'admiration de toute l'Allemagne par ses talents, sa bonté, son esprit pénétrant. Marie-Thérèse avait épousé François de Lorraine, nouveau duc de Toscane, prince peu puissant et qui devait moins exciter la jalousie. Cependant la France, la Saxe et la Prusse envahirent tous les états d'Autriche. Le roi de Prusse, Frédéric II, dont les états avaient été érigés en royaume en 1707, profita seul de cette invasion. Son père lui avait laissé de grandes richesses qu'il employa à se créer l'armée la mieux disciplinée de l'Europe. Il prétendit que l'Empire s'était injustement emparé de la Silésie et prit cette province. La France avait garanti la *pragmatique sanction*; cependant elle se déclara pour le duc de Bavière, qu'elle fit élire Empereur et reconnaître en cette qualité, par toute l'Europe, sous le nom de Charles VII, pendant que son allié, le redoutable Frédéric poursuivait ses conquêtes dans le Nord. Marie-Thérèse se vit bientôt ainsi que sa famille dans le plus grand danger.

Le maréchal de Belle-Ile, ministre et général de Louis XV, menaçait la capitale. L'électeur de Bavière se prétendait héritier de l'Empire, et la maison de Saxe soutenait ses droits, par la fille de Joseph Ier, la reine Eléonore de Pologne.

Marie-Thérèse résista courageusement à l'orage qui la menaçait. Elle regardait comme sa principale défense la *pragmatique sanction* qui avait été garantie par toutes les puissances de l'Europe; mais toutes l'avaient abandonnée. La malheureuse Impératrice se rendit alors en Hongrie, y convoqua les Etats, et se présenta en tenant dans ses bras son fils, âgé de six mois, leur disant : « Je remets entre vos mains la fille et le fils de vos rois. C'est de vous seuls qu'ils attendent du secours. » A ces mots, les nobles Hongrois tirent leurs épées et s'écrient tous : « Mourons pour notre bon roi Marie-Thérèse! » Nom, qu'ils lui donnèrent depuis cette époque et qu'elle sut toujours si bien mériter. Par le serment qu'elle prêta à son cou-

ronnement en Hongrie, elle permit à ses sujets de
s'armer contre elle, si elle portait jamais la moin
dre atteinte aux priviléges de la nation, ce qui lu
gagna l'affection de tous ses sujets. Elle se rendi
plus populaire qu'aucun prince de la maiso
d'Autriche, ayant l'adresse de toujours conserve
son autorité.

L'Impératrice vit que la Grande-Bretagne tenai
principalement à l'indivisibilité de la successioi
de la maison d'Autriche. Georges II était l'âme d
parti protestant en Europe, et il ne s'inquiétait pa
plus que Marie-Thérèse de la gloire naissante d
la Prusse. Frédéric cependant venait de forme
une armée de vrais soldats, car il avait un géni
supérieur à tous ceux des capitaines de son époque
Il offrit à la Reine, si elle voulait lui céder la Si
lésie, de garantir ses autres états contre la France
Mais elle reçut cette proposition avec mépris
ayant la faiblesse autrichienne, de vouloir tou
risquer, plutôt que de céder une petite partie d
ses possessions.

Georges accorda à la Reine de Hongrie 500,00
livres sterling et 16,000 hommes qui lui furen
envoyés sous la conduite du comte de Stair. C
secours cependant ne suffisait pas à la Reine
son mari était pauvre, et elle n'avait d'autr
appui que l'Angleterre. Le roi de Piémont se dé
clara heureusement pour elle et Charles-Emma

nuel vint cueillir pour Marie-Thérèse de nombreux lauriers.

Georges aurait bien voulu détourner le coup qui menaçait la Reine du côté de la Prusse, mais il ne put obtenir d'elle qu'elle cédât un pouce de terrain. L'Europe n'avait jamais vu d'armée mieux disciplinée que celle de Frédéric. Il envahit tout à coup la Silésie et battit les troupes autrichiennes à Molwitz. L'électeur de Cologne se joignit à la France ainsi que l'électeur palatin, et la perte de Marie-Thérèse parut inévitable. L'empereur Charles VII à la tête d'une armée puissante, composée de Français et de Bavarois, somma le gouverneur de Vienne de se rendre et s'avança jusqu'à Lintz, capitale de la haute Autriche. Les affaires de Marie-Thérèse paraissaient désespérées. Le roi de Prusse achevait la conquête de la Moravie.

Jamais confédération contre un seul souverain, n'avait été plus heureuse. La division qui se mit entre les confédérés, sauva l'Impératrice. Les Prussiens, les Bavarois s'accusaient mutuellement, et se plaignaient de ce que le plan du maréchal de Belle-Isle n'était suivi qu'en partie; au lieu de vingt mille chevaux la Cour de Versailles n'en avait donné que huit mille, et toute l'armée ne formait qu'environ trente mille hommes. Belle-Isle étant malade à Francfort et Maurice de Saxe également malade à Paris, les généraux autrichiens firent de violents efforts pour sauver leur souveraine,

7

et ils y parvinrent. Bientôt une partie des provinces de l'Autriche, qui ne voulaient pas entendre
parler de Marie-Thérèse, lui donnèrent leurs
meilleurs soldats, et le comte de Kavenhuler
s'engagea dans l'armée du Duc de Lorraine.

Alors Marie-Thérèse se soumit au traité qui
cédait la Silésie à Frédéric, à condition qu'il ne
donnerait aucun secours à ses ennemis ; bientôt
encore elle força la Saxe à abandonner l'Empereur,
qui s'enferma à Francfort, pendant que les Français sous la conduite du comte Maurice de Saxe,
assiégeaient Prague, qu'ils prirent par escalade, et
d'où ils ne se retirèrent qu'après une honorable
capitulation. Le duc d'Harcourt obligea le comte
Kavenhuler d'évacuer Munich, où les soldats autrichiens avaient commis des cruautés inouïes.
Marie-Thérèse fut aussitôt remise en possession de
sa capitale de la Bohême, et le malheureux Charles VII n'eut bientôt d'autre appui que la France,
dont l'armée était dans un état déplorable; il se
trouva comme un fugitif dans ses Etats. Il fit des
offres à Marie-Thérèse qui les repoussa. La fierté
de la reine et les malheurs de l'infortuné Charles
furent encore au moment de faire changer la
face des choses. Une nouvelle ligue, composée
de la France et de l'Angleterre, se formait contre
la reine, en faveur de l'Empereur, lorsque ce
dernier mourut au commencement de 1745, et

François de Lorraine fut élu Empereur par le Collége électoral.

Le système de l'Europe changea entièrement. L'Impératrice-reine se ligua avec la France, et le roi de Prusse s'unit avec la grande Bretagne. Frédéric soumit encore une fois la Saxe, et en fut repoussé par le comte de Dains.

Si Marie-Thérèse eut eu un peu plus de modération, elle aurait obtenu alors une paix des plus avantageuses. Les Français ayant à leur tête l'intrépide général Maurice de Saxe, étaient vainqueur en Westphalie, les Russes avaient pénétré dans l'Empire, et le roi de Prusse après avoir battu les Français à Rosbach, avait pris Breslau, et vaincu le général Dains. Marie-Thérèse était soutenue par l'Impératrice de Russie, mais sa mort délivra le roi de Prusse du danger qui le menaçait car le successeur de cette princesse était non moins ami de Frédéric, qu'elle en était ennemie. Marie-Thérèse perdit à son tour l'appui de la Russie.

Ce fut en 1748 que la paix générale fut signée à Aix-la-Chapelle, et que l'Impératrice rentra à peu près dans les possessions de la maison d'Autriche. Son fils Joseph fut élu roi des Romains, et Marie-Thérèse, ne songea plus qu'à réparer les maux que la guerre avait causés à ses sujets. Vienne fut agrandie et embellie, des manufactures s'établirent dans ses vastes faubourgs, des colléges furent fondés, des universités érigées; les soins de

Marie-Thérèse s'étendirent sur tous les habitants de ses Etats; les vieux soldats, les veuves d'officiers, les orphelins reçurent tour à tour des témoignages de sa bienfaisance; la paix semblait devoir durer longtemps, surtout depuis que la France rivale de l'Autriche, avait fait une alliance avec elle en 1756, mais elle fut troublée par une guerre avec Frédéric, où l'Impératrice remporta de grandes victoires. Ce fut à cette occasion, qu'elle fonda l'ordre qui porte son nom.

Etant à Inspruck, avec toute son auguste famille, Marie-Thérèse y perdit son époux, le lendemain même de la célébration du mariage de son fils Léopold avec Louise d'Espagne, fille de Charles III. L'empereur François mourut de mort subite. Depuis ce moment, l'Impératrice ne quitta jamais le deuil. En 1770, elle maria sa fille aînée, l'archiduchesse Marie-Antoinette, avec Louis, Dauphin de France, depuis Louis XVI.

Après un règne long et prospère, Marie-Thérèse vit approcher la mort avec ce courage qui l'avait caractérisée toute sa vie. Sa mort fut celle d'un héros chrétien, qui quitte la vie sans se plaindre; elle mourut à Vienne en 1789 à 59 ans. L'histoire la regardera toujours comme une des plus grandes princesses qui ont régné; elle passait pour la plus belle femme de l'Europe et avait un air de grandeur, qui inspirait le respect à première vue.

La religion fut toujours respectée sous son règne, et regardée comme le plus ferme appui du trône. Elle fit des lois sages et donna l'exemple de toutes les vertus comme chrétienne, impératrice, mère et épouse. Frédéric II disait d'elle : Je lui ai fait la guerre et je n'ai jamais été son ennemi.

Elle eut huit enfants, Joseph, Léopold, Charles, Marie-Antoinette reine de France, Marie-Caroline reine de Naples, les autres moururent jeunes.

JOSEPH II

1765-1790

Joseph II, fils de Marie-Thérèse et de François de Lorraine, naquit en 1741, et fut porté par sa mère la même année à la diète de Presbourg, où la vue du jeune prince ne contribua pas peu à animer les Hongrois contre la multitude d'ennemis qui envahissaient son héritage. Il succéda à son père comme empereur en 1765, et consacra la première partie de son règne à parcourir une grande partie de l'Europe, car l'Impératrice sa mère qui possédait en propre l'Autriche, la Bohême et la Hongrie, continua à gouverner l'Empire jusqu'à sa mort ; de sorte qu'elle était la seule souveraine, et que Joseph n'avait qu'un titre.

A la mort de sa mère, Joseph II rentra à Vienne. Ce prince avait par malheur des idées philosophiques défavorables à la religion. Il ne voulut pas se faire couronner roi de Bohême, et enleva à la

Hongrie la couronne de saint Etienne pour la porter à Vienne. Ces deux circonstances indisposèrent
la Hongrie et la Bohême. Les vues de Joseph sur
les affaires ecclésiastiques et les couvents, engagèrent le pape Pie VI, après d'inutiles remontrances, à se rendre à Vienne. L'Empereur le reçut
avec de grands égards, et ratifia sous ses yeux
plusieurs lois sur les droits épiscopaux. Le Pape
partit content. Cependant peu après son départ
l'Empereur ferma encore des séminaires, permit
le divorce, et fit plusieurs autres innovations de ce
genre. Ce fut à cette occasion que Frédéric II
l'appela *notre frère le sacristain*. L'Empereur
après quelques batailles contre les Turcs, où se
distingua le prince de Saxe-Cobourg, mourut en
1790, pénétré de douleur de la Révolution française et des malheurs de sa sœur, l'infortunée
Marie-Antoinette. Il n'avait pourtant rien fait pour
la défendre.

Il n'eut qu'une fille qui mourut au berceau.

Ce prince eut de la loyauté et de la générosité ;
il fut malheureusement égaré par la philosophie
du dix-huitième siècle qui l'éloigna de la foi catholique dont ses ancêtres lui avaient donné de si
beaux exemples.

LÉOPOLD II

1790-1792

Léopold, duc et chef de la maison de Toscane,

gouvernait ses Etats d'une manière paisible et
heureuse, lorsqu'il fut élu empereur d'Allemagne.
Son second fils Ferdinand fut nommé grand-duc
à sa place, et l'aîné François le suivit à Vienne.
Léopold conclut, l'année suivante, la paix avec
les Turcs. Il voulut pacifier les Pays-Bas révoltés,
par suite des innovations qu'avait voulu y faire
l'empereur Joseph. Léopold offrit de toutes les
abolir, mais les révoltés ne voulurent rien entendre, et 30,000 Autrichiens marchèrent contre eux.
On assure que Léopold allait intervenir dans les affaires de France lorsqu'il mourut à Vienne à l'âge
quarante-quatre ans. Ce prince avait épousé Louise-
Caroline d'Espagne; il eut une nombreuse famille.

FRANÇOIS II
1792-1835

Son fils François lui succéda d'abord sous le
nom de François II ; puis lorsque le Collège électoral fut anéanti en 1804, il prit le titre d'empereur d'Autriche et le nom de François Ier. Il combattit d'abord Napoléon Ier ; mais à la suite de
plusieurs défaites il demanda et obtint la paix en
donnant la main de sa fille Marie-Louise à Napoléon.

Il combattit de nouveau son gendre en 1813 et
contribua puissamment à le détrôner. En 1814, il
rentra en possession de la plus grande partie des

provinces que lui avait enlevées l'empereur des Français et la fin de son règne se passa sans événements remarquables. François Ier mourut en 1835. Il eut pour successeur son fils Ferdinand.

HISTOIRE D'ANGLETERRE

NOMS

DES ROIS ET DES REINES D'ANGLETERRE

Dynastie Normande.

1068. Guillaume Ier, dit le Conquérant. — Mathilde de Flandre.

1087. Guillaume II, dit le Roux. — Adélaïde de Flandre.

1100. Henri Ier, dit le beau clerc.

1135. Etienne de Blois. — La comtesse de Boulogne.

Dynastie d'Anjou. (Plantagenets.)

1154. Henri II. — Eléonore de Guyenne.

1189. Richard Cœur-de-Lion. — Bérangère de Lusignan.

1199. Jean-Sans-Terre. — Isabelle d'Angoulême.

1216. Henri III. — Eléonore de Provence.

1272. Edouard I. — Eléonore de Sicile, Marguerite de France.

1307. Edouard II. — Isabelle de France.

1327. Edouard III. Philippine de Hainaut.

1377. Richard II.

1399. Henri IV. — Alix de Mortimer.

1413. Henri V. — Catherine de France.

1422. Henri VI. — Marguerite d'Anjou.
1461. Edouard IV. — Elisabeth Woodville.
1483. Edouard V.
1483. Richard III. — Anne de Clarence.

Dynastie de Tudor.

1485. Henri VII. — Elisabeth d'York.
1509. Henri VIII. — Catherine d'Aragon ; Anne
    Boleyn ; Jeanne Seymour ; Anne de Clèves ;
    Catherine Howard ; Catherine Parr.
1547. Edouard VI.
1553. Jane Grey — Le duc de Guildfort.
1553. Marie. — Philippe II, roi d'Espagne.
1558. Elisabeth.

Dynastie de Stuart et d'Orange.

1603. Jacques Ier Stuart. — Anne de Danemarck.
1625. Charles Ier. — Henriette de France.
1649. (Interrègne.)
1652. O. Cromwell (Protecteur.)
1658. R. Cromwell (Protecteur.)
1660. Charles II. — Catherine de Portugal.
1685. Jacques II. — Anne Hérisson ; Marie d'Este.
1689. Guillaume III et Marie.
1702. Anne Stuart. (Veuve de Georges de Da-
    nemarck.)

Dynastie de Hanovre.

1714. Georges Ier. — Sophie de Zéel.
1727. Georges II. — Frédéric de Prusse.

1760. Georges III.—Louise de Saxe.
1820. Georges IV.—Caroline de Brunswick.
1830. Guillaume IV.—Duchesse de Saxe-Meiningen.
1837. Victoria.—Le prince Albert.

HISTOIRE D'ANGLETERRE

Depuis Guillaume le Conquérant

GUILLAUME Ier, DIT LE CONQUÉRANT
1068-1087

Guillaume Ier, était fils de Robert duc de Normandie et d'Arlette. Il naquit à Falaise en 1027. Il régnait paisiblement en Normandie, lorsqu'Édouard, roi d'Angleterre, l'appela au trône par son testament. Il passa dans cette île avec une flotte nombreuse. Les Anglais avaient déféré la couronne à Harold, le plus riche seigneur du pays, qui tint tête à Guillaume. La bataille de Hastings décida du sort des deux combattants. Harold y périt, avec ses deux frères et cinquante mille Anglais. Le vainqueur fut couronné à Londres, où il reçut le nom de *Conquérant*.

Guillaume employa pour conserver sa conquête des moyens odieux. Il dépouilla les seigneurs saxons de leurs domaines au profit des seigneurs normands; il accabla le peuple d'impôts et alla jusqu'à défendre qu'on parlât d'autre langue que le normand, langage barbare, composé de latin et de français. Quelques auteurs ont même prétendu, qu'il traita non-seulement la nation vaincue avec dureté, mais qu'il affectait encore les caprices d'un tyran. On en donne pour exemple la *loi du couvre-feu*, par laquelle, il fallait au son de la cloche, éteindre le feu dans chaque maison à huit heures du soir. Mais cette loi loin d'être tyrannique n'est qu'un ancien règlement de police établi dans toutes les villes du Nord, et cet usage s'est même conservé encore longtemps dans les cloîtres. Guillaume fit la guerre avec succès; il fit également fleurir le commerce. C'est sous son règne qu'on commença la tour de Londres. Les Anglais jusqu'alors inconnus en Europe, commencèrent à jouer un grand rôle; ils ne se distinguèrent pas moins par leur industrie que par leurs conquêtes. Louis VI, ayant demandé à Guillaume, quand il lui céderait la Normandie, qu'il lui avait promise. lorsqu'il serait roi d'Angleterre, celui-ci lui répondit, qu'il n'avait pas coutume de se déshabiller avant de se coucher.

Guillaume étant tombé de cheval à Caen, mourut des suites de cette chute à 62 ans. Ce fut un bon capitaine, un grand politique, un roi vigilant mais trop sévère. Il avait épousé Mathilde, fille du comte de Flandre, et laissa en mourant trois fils : Robert, duc de Normandie, Guillaume-le-Roux, qui fut roi et Henri-le-Beau-clerc, qui succéda à son frère.

GUILLAUME II, DIT LE ROUX
1087-1100

Guillaume-le-Roux, succéda à son père. Dur et altier comme lui, il n'avait pas ses qualités brillantes. La religion qui adoucit si heureusement les hommes les plus féroces, n'était pour lui qu'un vain fantôme. Il persécuta le clergé, exila l'archevêque de Cantorbéry, Lanfrand, qui lui avait fait quelques remontrances. Son frère Robert lui disputa le trône sans succès.

Guillaume chassant dans une forêt de Normandie, fut blessé d'un coup de flèche, par Gauthier Tyrrel, l'un de ses courtisans. Il mourut des suites de cette blessure à 40 ans, laissant la réputation d'un tyran.

HENRI Ier, DIT LE BEAU CLERC
1100-1135

Henri, troisième fils de Guillaume-le-Conquérant, fut couronné à la mort de son frère, au préjudice de Robert, duc de Normandie, qui arrivait de Terre-Sainte. Cette usurpation décida Robert à passer le détroit pour soutenir ses droits par les armes. Mais, vaincu à Tinchebray, il se contenta d'une pension considérable que lui promit son frère et renonça à ses prétentions au trône. Il mourut du reste peu de temps après. Henri, consolidé sur son trône, s'appliqua à faire oublier son usurpation par un règne heureux et habile. Il eut à soutenir plusieurs guerres, une entr'autres contre la France, mais il les termina avantageusement.

Ce prince mourut en 1135. Le surnom de *Beau clerc* qu'on lui a donné, lui vient de son amour pour les lettres. Il fut pieux et accorda de grands priviléges au clergé.

ETIENNE Ier

1135-1154

Etienne Ier était neveu d'Henri; il lui succéda, ce qui donna lieu à une guerre civile. Mathilde, fille de Guillaume-le-Roux, avait un grand nombre de partisans qui voulaient qu'elle fût régente de son fils Henri et repoussaiént Etienne fils d'une fille de Guillaume-le-Conquérant. L'accord se fit entre les deux rivaux, et il fut convenu que Henri succèderait à Etienne.

Le règne de ce prince sans énergie fut court et agité. Les barons méprisant son autorité devinrent de petits tyrans; un grand nombre d'entre eux pillaient les châteaux et les terres de leurs voisins, enlevaient leurs femmes et leurs enfants et se faisaient payer de fortes rançons pour rendre leurs captifs.

Etienne avait épousé l'héritière des comtes de Boulogne. Il mourut, sans laisser d'enfants, en 1154.

HENRI II PLANTAGENET
1154-1189

Henri, fils de Godefroy Plantagenet et de Mathilde, monta alors sur le trône. Ce fut un des
princes les plus puissants et les plus riches de son
siècle. Il ajouta à ses états ceux de sa femme,
Eléonore de Guyenne, qui avait été répudiée par
Louis VII, roi de France. Il fit la conquête de
l'Irlande et toujours ses armes eurent les plus
heureux succès. Ce règne est resté tristement célèbre, par le meurtre de Thomas Becket, le saint
archevêque de Cantorbéry. Le Pape imposa à
Henri II une pénitence publique, en expiation de
ce crime qu'il avait ordonné.

Henri eut de grandes guerres à soutenir au
dedans et au dehors du royaume, et il en sortit
presque toujours victorieux. La fin de son règne
fut attristée par la révolte de ses fils, Richard et
Jean. Henri en mourut de chagrin, en 1189, après
un règne de 36 ans. Valeur, générosité, courtoisie
et prudence furent les vertus de ce prince. Orgueil,
ambition, amour sans bornes des plaisirs, furent
ses défauts. Il eut trois fils, Robert qui mourut
jeune, Richard et Jean qui lui succédèrent, et
trois filles, dont l'aînée, Jeanne épousa Guillaume-
le-Bon, roi de Naples.

RICHARD DIT CŒUR DE LION
1189-1199

Richard surnommé Cœur-de-Lion à cause de son intrépidité, monta sur le trône après la mort de son père. Le grand mouvement des croisades, remplissait l'Europe. Richard y prit part comme les autres souverains et se croisa avec Philippe-Auguste en 1190. La division s'étant mise dans leurs armées, Philippe retourna en France, et Richard demeura seul maître du champ de bataille, mais non de cette multitude de croisés, plus divisés entre eux que ne l'étaient leurs maîtres. Richard déploya vainement le courage le plus héroïque, il désarma lui-même Saladin qui revenait vainqueur de la Mésopotamie. Ce fut là l'unique gloire qu'il retira de cette expédition mémorable. Les fatigues, les maladies, les petits combats ruinèrent entièrement les croisés ; Richard revint il est vrai en Europe avec plus de gloire que Philippe-Auguste, mais avec moins de sûreté : son vaisseau ayant fait naufrage sur les côtes de Venise, il traversa déguisé la moitié de l'Allemagne; ayant eu l'imprudence de passer sur les terres de Léopold, duc d'Autriche, qu'il avait offensé par ses hauteurs au siége de Ptolémaïs, celui-ci le fit prisonnier et le livra au barbare empereur Henri VI, qui traita le royal captif en prisonnier d'Etat et exigea pour sa rançon 50,000 marcs d'argent.

Richard de retour dans ses Etats, les trouva
déchirés par la guerre civile, que Jean, son frère
y avait allumée ; il la dissipa et tourna ensuite ses
armes contre le roi de France. Mais le succès de
cette guerre ne fut pas décisif ; ayant appris qu'il
y avait un trésor renfermé dans un château du
Limousin, il alla l'attaquer et y reçut une blessure dont il mourut le 6 février 1199, à l'âge de
42 ans.

Ce prince qui avait épousé Bérangère de Lusignan, n'eut point d'enfants. Son orgueil lui faisait
regarder les rois ses égaux comme ses sujets et
ses sujets comme ses esclaves. Il fut brave, chevaleresque, entreprenant, mais cruel et jaloux.

JEAN SANS-TERRE
1199-1216

Jean-sans-Terre usurpa la couronne à Arthur,
fils de Robert de Normandie, héritier de Richard, auquel elle revenait de droit. Ce prince infortuné ayant voulu réclamer son héritage, fut fait prisonnier et mourut à Rouen, poignardé des mains de l'infâme Jean. Toute l'Europe
eut horreur de ce crime. Constance, mère d'Arthur
en appela à la justice de Philippe-Auguste de ce
crime commis sur la personne de son vassal ; l'accusé sommé de paraître devant la cour de Paris, pour être jugé par ses pairs, refusa de s'y
rendre ; il fut condamné à mort et le roi de France

s'empara de ses terres en France. Pendant ce temps-là, Jean s'endormait dans la mollesse et répondait au rapport des conquêtes de Philippe : « Laissez le faire, j'en prendrai plus dans un jour, que lui dans une campagne. »

La nomination d'un archevêque à Cantorbéry, suscita des différends entre lui et le pape Innocent III en 1213. Il se soumit pourtant. L'année suivante il s'allia à Othon IV, empereur d'Allemagne contre Philippe-Auguste, roi de France, qui les vainquit à la célèbre bataille de Bouvines. Abandonné de tout le monde, Jean crut gagner l'amour de ses sujets qui se révoltaient contre lui en publiant la *grande Charte*, base des libertés anglaises, mais il ne tarda pas à manquer aux promesses qu'il avait faites ; le pape l'excommunia, le déclara déchu du trône et nomma à sa place Louis, fils du roi de France. Jean haï et méprisé par ses sujets, mourut sur ces entrefaites, à peu près à la même époque que Philippe-Auguste.

Louis abandonna l'Angleterre pour retourner en France, et les barons anglais nommèrent pour le remplacer Henri, fils de Jean et d'Isabelle d'Angoulême. Le coupable et malheureux Jean laissa la réputation d'un tyran sans énergie et sans courage.

HENRI III

1216-1272

Henri, fils de Jean, monta sur le trône à l'âge de

neuf ans. La régence fut confiée au comte de Pembroke, qui sut rattacher au jeune prince les barons révoltés contre son père. Henri gouverna seul depuis 1219. Il essaya vainement de reconquérir ses domaines de France, et fut battu à Taillebourg et à Saintes par saint Louis. L'énormité des impôts souleva contre lui les barons qui dressèrent un nouveau plan de gouvernement et le forcèrent à le signer. Telle fut l'origine des Communes. Henri ayant mal observé les nouvelles lois, fut battu et fait prisonnier par Simon de Montfort. Son fils Edouard releva ses affaires. Depuis lors il régna paisiblement. Il mourut à Londres, après avoir régné 52 ans, sans habileté.

Ce prince ruinait son peuple pour enrichir ses favoris. Il était d'ailleurs pieux, de mœurs irréprochables, en un mot il eut les vertus d'un chrétien sans avoir celle d'un roi.

EDOUARD Ier DIT LONGUES JAMBES (1)

1272-1307

Edouard Ier naquit à Winchester en 1344 d'Henri III, et d'Eléonore de Provence ; il se croisa avec saint Louis, et partagea avec ce prince, les

---

(1) Edouard 1er de la dynastie d'Anjou ; car il y eut avant lui trois rois saxons du nom d'Edouard : Edouard Ier ou l'*Ancien* fils d'Alfred-le-Grand ; Edouard II, dit le *Martyr*, et Edouard *le Confesseur* ou saint Edouard.

travaux ingrats de la croisade d'Egypte. Lorsque la mort de son père le rappela en Angleterre, ce royaume changea de face, sous son autorité. Il sut contenir l'humeur remuante des Anglais et animer le commerce. Il s'empara ensuite du pays de Galles dont il tua de sa main le souverain appelé Léolin ; mais il se montra cruel envers les vaincus ; il alla jusqu'à faire massacrer les bardes gallois de crainte que par leurs chants ils ne réveillassent l'ardeur de leurs compatriotes.

Plus tard, Edouard eut la gloire, à la mort d'Alexandre d'Ecosse d'être choisi pour arbitre dans les affaires de la succession à cette couronne. Une querelle entre deux marins, l'un Français l'autre Anglais, alluma la guerre entre les deux nations. Cette guerre fut terminée par un double mariage, entre le roi et Marguerite sœur de Philippe-le-Bel, et entre le prince Edouard et Isabelle de France, fille du roi.

Le roi d'Angleterre tourna ensuite ses armes contre l'Ecosse ; son roi fut fait prisonnier et conduit à la Tour, où il renonça à ses prétentions au trône d'Ecosse : ce fut pendant ce règne que commença la haine qui existe encore entre les Anglais et les Ecossais, même depuis la réunion des deux peuples. Le célèbre Wallace ayant soulevé l'Ecosse, Edouard le fit mettre à mort, sans égard pour son courage et le patriotisme qui l'inspirait. .

Edouard Ier, mourut à l'âge de 69 ans. Après un règne de 34 ans. Il eut du courage, de l'équité, des mœurs pures, mais ses qualités furent ternies par la soif de la vengeance, et une grande cruauté.

Ce fut sous ce prince que le parlement anglais prit une nouvelle forme. Il fut convenu que les comtés enverraient chaque année, au parlement, deux barons ; chaque cité, deux citoyens et chaque bourg, deux paysans ; ce qui donna naissance à la chambre des Communes.

EDOUARD II, DIT L'INFORTUNÉ
1307-1327

Edouard II fut couronné à l'âge de 23 ans, en 1307. L'Ecosse ayant secoué le joug de l'Angleterre, Edouard la laissa faire, ne s'occupant que de ses plaisirs, et se livrant entièrement à ses favoris. Les principaux d'entre eux furent Galveston et Spenser, qui le perdirent. Galveston, gascon de naissance, maltraita tellement les grands du royaume, qu'ils prirent les armes contre cet étranger et contre le roi et ne les déposèrent, qu'après avoir fait trancher la tête à l'indigne favori.

Edouard malheureux au dehors le fut encore plus dans sa famille. Sa femme Isabelle, irritée contre son mari et contre ses favoris, se retira à la cour de France, où son frère, Charles-le-Bel l'encouragea à la révolte; la reine suivit les conseils de son frère. Elle repassa la mer, accompagnée par le comte de Hainaut et une foule de jeunes aventuriers qui se déclarèrent les chevaliers d'une belle et jeune reine outragée. Edouard abandonné de sa cour, se retira dans le pays de Galles. La ville où il se réfugia ne put résister longtemps aux efforts des partisans d'Isabelle. Le roi fut fait prisonnier, et obligé de signer lui-même, la condamnation à mort de ses deux favoris, qui périrent de la main du bourreau.

Edouard fut condamné à une prison perpétuelle et son fils fut placé sur le trône. Ce roi, lâche dans la grandeur, fut grand dans les fers par son courage et sa résignation chrétienne. Après quelques années de captivité, la coupable Isabelle lui fit enfoncer un fer rouge dans le fondement. Ce fut par cet affreux supplice que le monarque infortuné perdit la vie après un règne de 20 ans.

EDOUARD III, DIT LE GRAND
1327-1377

Edouard III, fils du précédent, vit le jour en 1312 à Windsor. Mis sur le trône à l'âge de 16 ans, par les intrigues de sa mère, il ne lui fut pas pour cela plus favorable. Il fit enlever son favori Mortimer, et le fit périr ignominieusement. La criminelle reine fut enfermée elle-même au château de Bising, et y mourut après 28 ans de captivité.

Edouard, devenu maître absolu, commença par reconquérir en partie le royaume d'Ecosse, ensuite la Guyenne. La branche des rois français des Capétiens proprement dits s'étant éteinte, Philippe de Valois leur succéda en vertu de la loi salique ; mais Edouard se prétendit leur héritier du chef de sa mère. Il prit donc le titre de roi de France et d'Angleterre, et ainsi commença la terrible guerre de cent ans.

La fortune fut favorable à Edouard ; il gagna la fameuse bataille de Crécy en 1347. Les Français y perdirent trente mille hommes. On attribua en partie le succès de cette guerre, à six pièces de canons, dont les Anglais se servaient pour la première fois, et dont l'usage était alors inconnu en France. Edouard se tint à l'écart pendant toute l'action; il avait pourtant envoyé un cartel à Philippe VI, au commencement de la guerre, répétant toujours, qu'il ne désirait rien tant que de combattre corps à corps, avec le roi de France.

Edouard s'empara ensuite de Calais, qui appartint aux Anglais, jusqu'au règne de la reine Marie.

A la mort de Philippe VI, la guerre recommença avec son successeur Jean-le-Bon. Edouard remporta sur ce prince, la fameuse bataille de Poitiers. Jean fut fait prisonnier et désarmé par le prince de Galles, fils ainé d'Edouard et surnommé le Prince noir. Ce jeune prince donna dans cette journée des preuves d'un courage invincible :

Edouard rentra à Londres, sur une petite haquenée noire, tandis que le roi de France était monté sur un magnifique cheval blanc. Malgré la barbarie de ce siècle, il y avait un orgueil bien raffiné dans cette modestie de vainqueur.

Après la mort de Jean, son fils le sage Charles V monta sur le trône de France, et avec l'aide de l'héroïque Duguesclin reprit toutes les terres que les Anglais possédaient en France à l'exception de Calais.

Le monarque anglais mourut avec la douleur de s'être vu enlever toutes ses conquêtes.

Edouard eut de grandes qualités obscurcies par l'orgueil et l'ambition. Il épousa Philippine de Hainaut, qui obtint au siége de Calais, la grâce de l'héroïque Eustache de Saint-Pierre et de ses compagnons, qui s'étaient dévoués pour sauver leur patrie. Ce fut Edouard qui institua l'ordre de la Jarretière en l'honneur de la duchesse de Salisbury. Il eut le chagrin de survivre à son fils, l'héroïque prince de Galles, et de laisser sa couronne à un enfant.

RICHARD II

1377-1399

Richard II, fils d'Edouard, prince de Galles, succéda à son grand-père, en 1377. Ce prince était extrèmement jeune, lorsqu'il monta sur le trône. Après avoir calmé quelques troubles dans ses

états, il porta la guerre en France et en Ecosse.
Il la fit avec assez de bonheur ; mais cette prospérité ne se soutint pas longtemps. Les oncles du jeune
monarque, mécontents de l'administration de leur
neveu conspirèrent contre lui. Le duc de Glocester
mis en prison à Calais, y fut étranglé. Le duc de
Lancaster voulant venger son père qui avait eu la
tête tranchée par ordre du roi, se mit à la tête des
mécontents. Le duc de Nortumberland, qui soutenait le jeune prince, se saisit de la personne de
Richard et le fit enfermer à Pontfrac. Le Parlement déclara le roi indigne de régner, et il l'était
en effet, puisque lui-même signa l'arrêt qui lui
enlevait la couronne. Huit scélérats, pour se rendre
agréables au duc de Lancaster, assassinèrent l'infortuné prince après une captivité de deux ans.
Ainsi périt à 33 ans ce malheureux roi ; il n'avait
ni les vertus d'un chrétien, ni celles d'un honnête
homme, ni les qualités nécessaires aux souverains.

HENRI IV DE LANCASTER
1399-1413

Le duc de Lancaster prit le nom d'Henri IV, en
montant sur le trône. La couronne appartenait
par les droits du sang à Edouard de Mortimer,
duc d'Yorck. L'Angleterre fut alors divisée entre
la maison d'Yorck et celle de Lancaster. C'est de
cette époque, que datent les longues querelles de
la rose blanche et de la rose rouge.

Henri remporta sur les révoltés la sanglante bataille de Shrewsbury. Il fit également la guerre à l'Ecosse et à la France.

Détesté de ses sujets et les craignant lui-même, il mourut en 1413.

HENRI V, DE LANCASTER
1413-1422

Henri V, fils du précédent, forma le projet de conquérir la France et l'exécuta en partie.

Il descendit en Normandie avec une armée de 10,000 hommes, prit d'abord Honfleur, gagna la bataille d'Azincourt, sur l'infortuné Charles VI et retourna en Angleterre avec plusieurs princes et 1,400 gentilshommes qu'il avait fait prisonniers. Trois ans après, il revint à Rouen et se rendit maître de toute la Normandie. Les malheureuses divisions de la Cour de France servirent beaucoup à ses conquêtes. Les deux factions d'Armagnac et de Bourgogne remplissaient Paris de troubles. La reine Isabeau de Bavière, mère dénaturée du Dauphin qui fut plus tard Charles VII prit le parti du monarque anglais, et par le honteux traité de Troyes lui accorda la main de sa fille Catherine. Ce traité stipulait en outre qu'à la mort de Charles VI, dont la raison était complètement égarée, Henri serait couronné roi de France, et qu'en attendant, il prendrait le titre d'héritier et de régent du royaume. Le malheureux Dauphin fut forcé de se retirer à Bourges.

C'est au milieu de pareils succès que mourut le roi d'Angleterre au château de Vincennes ; il fut enterré à Saint-Denis, comme les rois de France.

A de grands talents pour la guerre, Henri joignait des vertus ; il fut juste, tempérant et fort exact à remplir ses devoirs religieux.

HENRI VI
1422-1471

Henri fils de Catherine de France et d'Henri V, vint au monde à Paris et succéda à son père à l'âge de dix mois. Il n'eut ni son bonheur, ni son mérite ; il régna sous la tutelle de ses deux oncles, le duc de Bedfort en France et le duc de Glocester en Angleterre. Ce prince remporta plusieurs victoires, mais le Ciel s'étant déclaré pour Charles VII, par l'apparition extraordinaire de Jeanne d'Arc, le jeune usurpateur fut obligé de quitter Paris et peu après la France, où les Anglais ne possédèrent bientôt plus que Calais.

La famille d'Yorck ayant repris ses prétentions sur le trône d'Angleterre, les querelles des deux roses recommencèrent avec fureur. Marguerite d'Anjou, femme d'Henri VI, qui avait saisi les rênes de l'Etat déploya dans toute cette guerre une activité et un courage au-dessus de son sexe. Elle tua de sa main le duc d'Yorck, à la bataille de Wakefield et délivra son mari fait prisonnier. Edouard d'Yorck, animé par le désir de venger son père, défit les troupes de la reine et la fit prisonnière. Henri avait fui en France ; à son retour il fut livré à ses ennemis et renfermé à la Tour de Londres, où on soupçonne qu'il fut poignardé en 1471, à l'âge de cinquante-deux ans, par Richard de Glocester, fils du duc d'Yorck.

Henri fut un prince faible, mais vertueux. Sa femme, l'héroïque Marguerite, se retira après la mort de son mari et de son fils, dans un couvent de France, où elle mourut à un âge avancé.

EDOUARD IV, D'YORCK
1461-1483

Edouard IV, petit-fils de Richard, duc d'Yorck, se fit couronner à Westminster l'année de la mort d'Henri VI. Le célèbre comte de Warwick auquel Edouard était en grande partie redevable du trône d'Angleterre, était allé demander pour lui la main de Bonne de Savoie, sœur de la reine de France, quand celui-ci devint épris d'Elisabeth Woodville de la famille de Lancaster, et l'épousa sans faire part de son mariage à son ministre. Warvick outragé, chercha à se venger. Il arma le duc de Clarence contre son frère Edouard, et parvint à lui enlever la couronne. Edouard fait prisonnier, finit par s'échapper, et secondé par le duc de Bourgogne gagna deux batailles. Warvick mourut à la

première, le fils d'Henri VI fut fait prisonnier à
la seconde, et mourut bientôt des suites d'une
blessure.

Edouard IV, libre de toute inquiétude, se livra
entièrement à ses plaisirs. Ses dernières années
furent ternies par le meurtre de son frère, le duc
de Clarence, sur lequel il avait conçu des soupçons ; il lui avait accordé la consolation de choisir
le genre de mort qui lui paraissait le plus doux,
et le malheureux prince, sur sa demande, fut plongé
dans un tonneau de vin de Malvoisie. Edouard le
suivit de près et mourut à l'âge de cinquante-deux
ans. Ce monarque avait commencé sa carrière en
héros et la finit en débauché. Son affabilité lui ga-
gnait tous les cœurs ; il passait pour le plus bel
homme de son royaume.

EDOUARD V

1483

Edouard V ne survécut à son père que de deux
mois. Il avait 12 ans, lorsqu'il monta sur le trône.
Son oncle Richard de Glocester, tuteur du jeune
roi et de son frère plus jeune que lui, résolut de
les faire assassiner afin de ravir la couronne du
premier, et les droits du second. Il prétendit d'abord,
qu'ils n'étaient pas fils du roi son frère, les fit enfermer dans la Tour de Londres, et accusa Elisabeth
Voodville de mauvaises mœurs et de sorcellerie.
La reine répondit avec dignité à ces infâmes ca-

lomnies. Bientôt Richard poursuivant son œuvre d'infâmie, fit poignarder les enfants de son frère, par un nommé Tyrrel, usurpa leur héritage, et eut l'audace de demander la main de leur sœur, la jeune Elisabeth.

Plus tard, sous le règne de la reine Elisabeth, on fit ouvrir le porte d'une chambre murée depuis longtemps dans la Tour. On trouva sur un lit, deux petits squelettes d'enfants. C'était ceux d'Edouard et de Richard. La reine pour ne pas renouveler la mémoire de ce forfait, fit murer de nouveau la porte de cette chambre de mort.

Ce ne fut que sous Charles II, que les ossements des deux infortunés enfants d'Edouard, furent transportés à Westminster.

RICHARD III

1483-1485

Richard III, fils du duc d'Yorck, et duc de Glocester, fut proclamé roi en 1483. Il ne jouit que deux ans et demi de son usurpation, et pendant ce court espace de temps, il assembla un parlement, dans lequel il osa faire examiner ses droits à la couronne. Ce parlement aussi lâche que son maître était cruel, déclara que Richard seul, avait des droits au trône.

Le duc de Buckingham, s'étant révolté contre Richard III, fut arrêté et décapité, mais Henri de Richmond, depuis Henri VII, et chef du parti

de la rose rouge, fut plus heureux que lui : il arma
et souleva contre le roi tout le pays de Galles.
Richard et son rival se battirent le 12 août à Bos-
worth. Le roi, au fort de la bataille, mit la couronne
sur sa tête, croyant par là avertir les soldats qu'ils
combattaient pour leur souverain contre un rebelle. Mais milord Stenley voyant avec horreur la
couronne usurpée par tant de crimes, trahit son
indigne maître, et passa avec plusieurs régiments
du côté de Richmond. Richard avait de la valeur,
ce fut sa seule vertu ; quand il vit la bataille per-
due, il se jeta en furieux au milieu de ses ennemis,
et y reçut une mort plus glorieuse qu'il ne l'avait
mérité. Cette journée mit fin aux querelles qui
existaient entre la rose rouge et la rose blanche.

Richard avait de l'esprit et de la valeur, mais
une ambition sans borne, une dissimulation profonde et l'âme d'un scélérat. Sa mémoire est en
exécration en Angleterre.

HENRI VII, DIT TUDOR
1485-1509

Le duc de Richmond fut couronné sous le nom
d'Henri VII. Il réunit par son mariage avec Elisabeth d'Yorck, fille d'Edouard IV, les droits des
maisons d'Yorck et de Lancaster. Ses ennemis usè-
rent de toutes les ruses imaginables pour le détrôner. Un garçon boulanger nommé Simnel, et
un juif du nom de Perkin, se disant l'un fils, et

l'autre neveu d'Edouard IV, lui disputèrent la couronne avec quelques partisans. Le premier finit sa vie dans les cuisines du roi, et le second plus dangereux, périt sur l'échafaud.

Ce monarque anglais sut gouverner son royaume comme il avait su vaincre ses ennemis. Son règne dura vingt-quatre ans. Il fit assembler plusieurs fois le Parlement, et créa des lois sages et prudentes. Le commerce anglais qui avait commencé à fleurir sous Edouard III, prit une grande extension sous Henri VII. Il fut surnommé le Salomon du Nord. On ne peut reprocher à ce prince, qu'un extrême avarice. Henri mourut à 59 ans; il laissa quatre enfants : Arthur qui mourut la même semaine que son père, Henri qui lui succéda, Marguerite qui devint reine d'Ecosse et Marie, qui fut reine de France, en épousant Louis XII, roi de France.

HENRI VIII

1509-1547

Henri monta sur le trône en 1509.

D'après les conseils de son ministre Wolsey, il déclara la guerre à la France et remporta la victoire de Guinegate appelée *Journée des éperons*, parce que la cavalerie française prise d'une panique générale se servit beaucoup plus des éperons pour fuir que de l'épée pour combattre. Pendant ce temps-là, le roi d'Ecosse avait envahi l'Angleterre, et Henri retourna en toute hâte à la défense de son royaume; mais Jacques IV, roi d'Ecosse, avait été déjà vaincu et tué à la bataille de Flodden. La même année, Henri VIII conclut la paix avec Louis XII et lui accorda la main de sa sœur, Marie d'Angleterre.

C'est à cette époque que commencèrent les troubles de l'Eglise. Les fausses doctrines de Luther envahissaient l'Allemagne et menaçaient d'envahir aussi l'Angleterre. Sagement conseillé par Wolsey et Thomas Morus le roi prit toutes les mesures nécessaires pour prémunir ses Etats contre cette pernicieuse invasion.

Cette conduite lui valut le beau nom de *défenseur* de la foi, que lui donna le pape Léon X, titre que malheureusement il ne mérita pas longtemps.

Il y avait alors à la Cour une jeune fille d'une grande beauté appelée Anne de Boleyn; elle était nouvellement arrivée de France, où elle avait accompagné la reine Marie. Le roi en devint éperdûment épris et conçut le projet criminel de répudier la reine Catherine d'Aragon, princesse d'un rare mérite, seconde fille de Ferdinand le catholique, avec laquelle il était marié depuis quinze ans, pour épouser Anne de Boleyn qui n'était que la suivante de sa sœur; il prétexta que sa femme avait été fiancée à son frère Arthur et demanda le divorce au Pape qui le refusa. Alors le cardinal de Wolsey, cet homme si vain qui disait « moi et le roi », promit au roi de seconder ses vues. On paya des théologiens pour leur arracher des jugements conformes aux volontés du monarque. Le Pape fut de nouveau sollicité, mais de nouveau il refusa de tremper dans un tel sacrilége. Alors Henri s'en rapporta au jugement de Crammer, archevêque de Cantorbéry et épousa Anne de Boleyn en 1533.

Le Pape ayant excommunié le coupable monarque, celui-ci se fit déclarer par le Parlement, chef de l'Eglise anglicane. Le peuple prêta au roi de nouveaux serments, et c'est ainsi que le catholicisme cessa d'être la religion d'Etat en Angleterre, qui autrefois s'était appelée l'*île des Saints*.

Le cardinal Flécher et Thomas Morus ne voulurent pas accompagner le roi dans son apostasie et moururent martyrs de .la religion catholique, ainsi qu'un grand nombre de personnages illustres. Le roi s'empara des biens des couvents, et tout en se déclarant l'ennemi du Pape, il assura ne point s'éloigner de l'unité catholique, mais seulement corriger les abus de la religion. Son amour pour une femme, causa tous ces malheurs ; et cet amour ne dura pas longtemps. La malheureuse Anne de Boleyn expia le crime auquel elle s'était associée. En effet quatre ans après son union avec le roi, celui-ci conçut une nouvelle passion pour Jeanne Seymour et comme Anne le gênait dans ses projets, il fit mettre en accusation l'infortunée qu'il avait élevée sur le trône, et sur de legers soupçons d'infidélité, Anne péril du supplice des criminels de lèse-majesté. Jeanne Seymour morte, en donnant le jour à un fils, Henri négocia son mariage avec Anne de Clèves, qu'il renvoya aussitôt après l'avoir vue, à son arrivée à Londres, en disant qu'il avait demandé une femme et non pas une jument flamande. A celle-ci succéda Catherine Howard, qu'il fit bientôt décapiter sous prétexte d'inconduite avant son mariage. Catherine Parr, jeune veuve d'une séduisante beauté, osa devenir la sixième femme de son barbare maître. Elle fut au moment de porter aussi sa tête sur l'échafaud, parce qu'elle ne craignit pas de soutenir devant son époux, les principes de Luther ; mais sa présence d'esprit la sauva.

Les dernières années d'Henri furent remplies par ses démêlés avec la France. Henri fut aussi bizarre, aussi inconstant, en politique qu'en amour. Il se ligua d'abord avec François Ier contre Charles-Quint ; puis avec Charles-Quint contre François Ier ; quelques auteurs ont dit : qu'au moment de sa mort il se serait écrié ; *Friends, we have all lost ; the state, the honour, and the heaven.* Henri mourut à 57 ans, en appelant au trône son fils Edouard. Les historiens de ce monarque le regardent comme un ami faible, un époux jaloux et cruel, un père barbare, un maître capricieux. Ce prince en un mot est considéré comme un des plus mauvais rois de l'Angleterre. Il laissa trois enfants,

Marie fille de Catherine d'Aragon, Elisabeth qui dut
la vie à Anne de Boleyn, Edouard fils de Jeanne
Seymour.

ÉDOUARD VI
1547-1553

Edouard monta sur le trône à l'âge de 10 ans,
en 1547 et ne vécut que six ans après son père.
Le rôle qu'il joua fut court et sanglant; il laissa
entrevoir du goût pour la vertu et l'humanité,
mais ses ministres corrompirent cet heureux naturel. L'infâme Crammer, archevêque de Cantorbéry, fit brûler deux pauvres femmes anabaptistes
et fit périr au nom du jeune roi, par la main du
bourreau, ou exiler nombre de catholiques et de
luthériens, afin d'établir plus solidement la nouvelle
religion calviniste. Crammer flétrit aussi le dernier
acte de son maître par une injustice révoltante;
il lui fit faire un testament en faveur de sa cousine, Jane Grey, au préjudice de ses deux sœurs.

L'infortuné Edouard, dont la santé avait toujours été chancelante, mourut à l'âge de 16 ans.

JANE GREY
1553

Jane Grey, arrière-petit-fille d'Henri VII, avait
épousé le duc de Guildford. Placée sur le trône
d'Angleterre, par le testament de son cousin
Edouard VI, elle n'y resta pas longtemps. Sa cou-

sine, Marie Tudor, seule légitime héritière du royaume d'Angleterre, se saisit de sa rivale et lui fit trancher la tête ainsi qu'à son époux. Jane Grey n'avait que 17 ans lorsqu'elle mourut ; elle était déjà remarquable par son esprit et ses vertus.

MARIE Ire

1553 1558

Aussitôt affermie sur le trône, Marie, fille d'Henri VIII, épousa Philippe II, roi d'Espagne, fils de Charles-Quint. Les deux époux travaillèrent ensemble avec ardeur à extirper l'hérésie de l'Angleterre. Le Parlement entra dans toutes leurs vues ; les protestants furent jugés, condamnés au feu. Le cardinal Polus, envoyé du Saint-Siége, désapprouva hautement les cruautés de Marie. Les Anglais furent mécontents des secours que la reine donna à son mari contre la France. Le duc de Guise, pour venger son maître, enleva alors à l'Angleterre, la ville de Calais.

Marie préparait une seconde flotte pour aller au secours de Calais, lorsqu'elle mourut en 1558, haïe et méprisée de ses sujets, et n'ayant que trop mérité de l'être par son humeur inquiète et jalouse, et par ses cruautés. Cependant, cette reine eut des vertus et de l'instruction. La perte de Calais hâta beaucoup sa mort. « On n'a pas connu mon mal, disait-elle ; qu'on m'ouvre le cœur, on y trouvera Calais. » Au commencement du règne de Marie, Crammer avait été arrêté comme traître et hérétique et condamné à périr sur un bûcher.

ELISABETH

1558-1603

Elisabeth vint au monde à Windsor, le 8 septembre 1531. Sa sœur Marie, devenue reine, la retint longtemps en prison ; la jeune princesse en profita pour cultiver son esprit. Elle étudia plusieurs langues, et s'appliqua surtout à apprendre à régner et à dissimuler.

Elle parvint à entrer dans les bonnes grâces de sa sœur, en lui persuadant qu'elle était très-bonne catholique, et monta sur le trône à sa mort.

Elisabeth se fit couronner par un Evêque catholique, pour ne pas effaroucher les esprits, mais elle était protestante dans l'âme, et ne tarda pas à le montrer. A peine la nouvelle reine fut-elle sacrée, que Philippe II, son beau-frère demanda sa main, mais Elisabeth le refusa, ainsi que plusieurs autres princes très-puissants. Les querelles de religion, ayant recommencé, la reine profita de ce moment de trouble pour réunir un Parlement, et pour établir dans ses Etats la religion anglicane, telle qu'elle subsiste encore de nos jours. Les prélats qui voulurent s'opposer à ce changement furent chassés de leurs siéges, d'autres furent jetés dans des cachots et plusieurs périrent sur l'échafaud. Il est vrai, que les supplices ne furent

ordonnés que lorsque Pie V eût délié les Anglais
du serment de fidélité, envers une reine illégitime
par sa naissane. Le Pape aurait voulut enlever la
couronne à Elisabeth, pour la donner à Marie
Stuart, veuve de François II, roi de France.

Tandis que la reine pacifiait son royaume au
dedans, elle se rendait redoutable au dehors.
Marie Stuart ayant pris le titre de reine d'Angleterre et d'Ecosse après la mort de son mari Henri
Darnley, Elisabeth l'obligea à y renoncer. Peu
après, elle soutint la république de Hollande, e
répondit aux ambassadeurs qui lui offraient la
souveraineté des Pays-Bas, « qu'il ne serait ni
beau, ni honnête de s'emparer du bien d'autrui ».
A cette époque, Sixte-Quint excommunia Elisabeth, qui l'avait déjà été par Pie V. Il l'appelait cependant un *gran cervello di principessa*. Les Ecossais ayant accusé leur reine Marie, de la mort de
son époux, l'obligèrent à quitter l'Ecosse et à se
retirer en Angleterre. Elisabeth ne lui accorda
protection, qu'à la condition qu'elle se justifierait
du meurtre de Darnley. En attendant cette justifi-
cation, elle la fit enfermer dans une forteresse.

Il se forma alors dans Londres, un parti puissant en faveur de la reine Marie. Le duc de Nor-
folk, ayant entrevu une révolution et plein de
confiance dans les droits de Marie, l'épousa
secrètement. Cet acte coûta la vie à l'infortuné
Duc, qui fut condamné par le Parlement pour avoir

démandé des secours au roi d'Espagne et au Pape, afin de faire remonter la malheureuse reine sur le trône. Elisabeth mit le comble à la déloyauté et à la perfidie de sa conduite, en faisant trancher la tête à l'infortunée reine d'Ecosse, pour faire cesser, dit-elle, les conspirations qui se formaient en sa faveur.

Marie Stuart était captive depuis dix-huit ans, lorsque la mort mit un terme à son long martyre, le 18 septembre 1587 ; elle était agée de quarante-quatre ans. La reine d'Angleterre, joignant la dissimulation à la cruauté, feignit de plaindre celle qu'elle faisait périr, autant par jalousie que par politique. Elle prétendit qu'on avait dépassé ses ordres, et fit mettre en prison le secrétaire d'Etat qu'elle avait chargé de faire exécuter la sentence qu'elle-même avait signée.

Cette comédie la déconsidéra aux yeux de toute l'Europe, et Philippe II, pour venger la malheureuse victime d'Elisabeth, mit en mer une flotte puissante, nommée l'*invincible Armada*, mais les vents et la mer combattirent pour la reine d'Angleterre. L'armée espagnole périt presque tout entière. Elisabeth triompha dans Londres, à la manière des anciens romains, et le roi d'Espagne supporta ses revers en héros chrétien. Elisabeth fit prospérer le commerce et la marine, et s'empara de l'Irlande après plusieurs petits combats. Le comte d'Essex, favori de la reine, qui venait de succéder au fameux Robert, comte de Leicester, fut nommé vice-roi d'Irlande. Trop fier de ses succès et de sa puissance, il tâcha de faire révolter cette province, voulant se venger, dit-on, d'un soufflet que lui avait donné la reine dans la chaleur d'une dispute. Il fut convaincu de haute trahison, et condamné à mort. On prétend que peu après avoir signé cette sentence, Elisabeth s'en repentit, mais il était trop tard. Le comte d'Essex était mort. On prétend même que la perte et surtout l'ingratitude de ce favori, firent mourir la reine de douleur, moins d'un an après, en 1603.

Le règne d'Elisabeth fut un des plus beaux de l'Angleterre. Le commerce se développa et s'étendit aux quatre coins du monde ; de grandes manufactures furent construites ; des lois sages affermirent l'autorité et l'organisation de la police fut perfectionnée. Elisabeth eut des favoris, mais elle ne les enrichit pas aux dépens de ses sujets. La gloire qu'elle acquit par sa politique, son esprit, ses talents, fut ternie par le sang de Marie Stuart et de nombreux martyrs catholiques. Elisabeth possédait une grande connaissance du cœur humain. Elle était instruite en toutes choses, en géographie surtout, et parlait très-bien plusieurs langues.

JACQUES Ier STUART

1603-1625

Jacques Ier, fils de la malheureuse Marie Stuart, naquit à Edimbourg, en 1556. Il porta dès son enfance le titre de roi d'Ecosse ; mais son royaume fut gouverné par le comte de Murray et son grand-père le comte de Lennox. A la mort d'Elisabeth, qui l'avait nommé son successeur, il monta sur le trône, et régna sur l'Angleterre, l'Ecosse et l'Irlande qu'il s'efforça de réunir en un seul royaume.

Les chicanes de la controverse signalèrent son avènement à la couronne. Il signa un édit par lequel il obligeait tous les catholiques de sortir sous peine de mort de l'Angleterre, oubliant que sa mère était morte dans le sein de cette religion qu'il persécutait. La loi cependant eut peu de vigueur ; quelques fanatiques résolurent en 1605, de se soustraire à cette persécution, en exterminant d'un seul coup, le roi, la famille royale et les pairs du royaume. Pour cela, ils introduisirent dans les caves du château de Westminster, où le roi devait haranguer le Parlement, trente-six tonneaux de poudre ; tout était prêt, on n'attendait plus que l'ouverture du Parlement pour mettre le feu aux poudres, lorsqu'une lettre anonyme révéla le complot. Quelques-uns des conjurés furent arrêtés et périrent de la main du bourreau. Jacques, pour s'assurer des catholiques, fit dresser le fameux serment d'allégeance, par lequel ils promettaient d'obéir au roi, en lui reconnaissant sur eux le pouvoir temporel. Les catholiques qui signèrent cet acte, loin d'être persécutés, furent protégés comme les autres citoyens. Ce roi théologien censura vivement les presbytériens, qui enseignaient que l'enfer était le partage de tous les catholiques.

Le règne de Jacques fut une paix de vingt-deux ans. Le commerce florissait, la nation vivait dans l'abondance, lorsqu'il mourut regretté de ses sujets.

On se moquait en Europe des prétentions de Jacques à l'esprit et à l'érudition ; c'était un homme des plus ordinaires, bon et d'une humeur facile. Henri IV, en parlant de lui, disait toujours Maître Jacques. Ce monarque mourut à 58 ans, laissant trois enfants, Charles, Jacques et Marie : il eut pour favori, le fameux Georges de Villiers, duc de Buckingham, qui le fut aussi de son fils.

CHARLES Ier

1625-1649

Charles Ier, naquit à Windsor, de Jacques Stuart et d'Anne de Danemarck, en 1604. Il succéda à son père en 1627 ; il épousa la même année, Henriette de France, fille d'Henri IV. Ce règne commença par des murmures, et finit par un forfait. La faveur de Buckingham, la malheureuse expédition de la Rochelle, où il essaya vainement de secourir les protestants de France, produisirent un mécontentement général. Les Écossais s'armèrent contre leur souverain, et le feu de la guerre civile éclata de toute part.

Alors Charles assembla les Pairs du royaume, convoqua le Parlement et ne trouva partout que des factieux et des perfides. Le comte de Strafford son unique appui, fut accusé d'avoir voulu détruire la réforme et la liberté ; on le condamna à mort, et le malheureux monarque eut la faiblesse de signer l'arrêt de mort de son unique ami.

Charles assemble un second Parlement, qu'il n'est plus maître de casser. Les Anglais demandent deux Chambres ; le Roi est obligé de consentir à ce nouveau projet ; deux ans après on le force de sortir de Londres, et la monarchie est renversée avec le monarque.

Charles livra plusieurs batailles aux parlementaires, ayant à leur tête le célèbre Olivier Cromwell ; la bataille de Naseby fut la dernière, elle fixa le sort de ce prince infortuné.

Charles n'ayant plus d'espoir, se livra aux Écossais, qui le livrèrent au parlement anglais. L'infortuné monarque, apprenant cette lâcheté, dit qu'il préférait appartenir à ceux qui l'avaient chèrement acheté, qu'à ceux qui l'avaient bassement vendu.

La Chambre des Communes établit un Comité de 18 personnes, qui devaient juridiquement examiner les crimes dont le souverain était accusé. Il fut déclaré coupable et condamné à périr sur un échafaud, le 9 février. Ce crime épouvanta l'Europe, et de nombreuses victimes de la fidélité, périrent avec Charles Ier.

Charles mourut à 49 ans, après un règne de 25 ans. La Chambre des Pairs fut anéantie, et le pouvoir remis entre les mains du peuple. Cromwell principal auteur du régicide, fut nommé général des troupes, et protecteur de République anglaise.

La constance de Charles dans les revers, et sa fermeté héroïque au moment de sa mort, arrachèrent des larmes à ses ennemis même. Il mourut avec bien plus de grandeur et de courage qu'il n'en avait montré dans le commencement de son règne. Ce prince est aujourd'hui honoré comme un martyr de la religion anglicane. Le jour anniversaire de sa mort est célébré par un jeûne général. Maître excellent, bon époux, bon père, Charles était plein de vertus, mais il fut mal conseillé comme roi.

OLIVIER CROMWELL

PROTECTEUR DE LA RÉPUBLIQUE

1649-1658

Sous le titre de *Protecteur de la République*, Cromwell régna neuf ans avec le pouvoir le plus absolu. Homme actif, dissimulé et profond politique, il maintint avec vigueur l'ordre à l'intérieur et l'honneur du nom anglais à l'extérieur. Il enleva la Jamaïque aux Espagnols et abaissa la marine hollandaise. Toutes les puissances recherchèrent son alliance et reconnurent son autorité. Mais le suprême pouvoir ne fit pas le bonheur du célèbre républicain : la crainte d'être assassiné le tourmentait sans cesse, et chaque nuit il changeait de chambre dans le palais de Whitehall qu'il habitait. Il mourut en 1658 ; son corps fut inhumé avec une grande pompe dans le tombeau des rois, mais au commencement du règne de Charles II, il fut enlevé de Westminster, traîné dans la ville et enterré au pied du gibet, digne punition due au régicide Cromwell.

RICHARD CROMWELL

1658-1660

Richard Cromwell, son fils, lui succéda dans le Protectorat ; mais celui-ci n'avait ni l'énergie ni l'ambition de son père, aussi fut-il bientôt rassasié du pouvoir. Il se laissa détrôner par Monk, gouverneur d'Ecosse et vécut depuis dans la plus profonde retraite.

CHARLES II

1660-1685

Charles II, fils de Charles Ier, né en 1630, était réfugié en Hollande quand son père fut mis à mort. Il prit aussitôt le titre de roi et débarqua en Ecosse où il se fit couronner à Scone ; mais battu par Cromwell il regagna, et à grand peine,

le continent jusqu'à la mort du terrible Protecteur.
Il dut son rappel au dévouement et à l'abnégation
du général Monk, qui aurait pu régner lui-même,
mais qui préféra rendre la paix à son pays.

Le jeune prince fut couronné à Londres en 1660.
Un de ses premiers soins fut de venger la mort de
son père ; dix des plus coupables d'entre les régi-
cides eurent la tête tranchée. Le peuple, qui avait
paru si zélé républicain, adora son jeune roi, qui
s'occupa de faire fleurir le commerce, les arts et
les belles lettres dans son royaume. Charles fit
publier la liberté de conscience ; mais son malheur
fut d'être trop prodigue, et ce défaut joint à ses
mœurs déréglées ternit ses belles qualités. Sans
cela il eut été le prince le plus accompli de l'Europe;
il n'eut point d'enfant de son mariage avec Catherine de Bragançe, princesse très-vertueuse et très-
spirituelle, qui ne posséda point le cœur de son
époux. Charles fut très-favorable aux catholiques,
on croit même qu'il mourut dans cette religion. Il
laissa la couronne à son frère Jacques d'Yorck,
qui prit le nom de Jacques II.

JACQUES II

1685-1683

Jacques II était le second fils d'Henriette de
France et de l'infortuné Charles Ier. Il passa en
France, avec sa mère, et se signala sous le vicomte
de Turenne. Son frère aîné, ayant été rétabli sur

le trône de ses pères, Jacques fut nommé amiral du royaume et se distingua contre les ennemis de son pays. On a prétendu qu'il s'était montré digne de la couronne tant qu'il ne l'eut pas sur la tête, mais qu'après il ne fut plus le même homme.

Catholique depuis son enfance, il révoqua le serment du texte par lequel on abjurait la présence réelle de Jésus-Christ dans l'Eucharistie. La loi, qui excluait du Parlement tous ceux qui refusaient de le prêter, avait été porté contre les catholiques, sous le règne de Charles II. Jacques établit la liberté de conscience dans son royaume sur des bases encore plus larges que son frère. Mais le peuple anglais repoussait alors cette liberté. Ce fut bien pire, lorsqu'un nonce du Pape vint visiter le roi. Les Anglais alors craignant qu'il ne les forçât à redevenir catholiques, le détrônèrent et appelèrent à la couronne Guillaume de Nassau, son gendre.

Le malheureux Jacques alla chercher un asile en France, après s'être vu chassé de son royaume, arrêté dans son propre palais, où le prince d'Orange lui donna ses ordres. Jacques voulut descendre à Paris chez les Jésuites, mais Louis XIV lui donna le château de Saint-Germain où il le reçut lui-même, puis il lui confia une flotte nombreuse pour aller reconquérir son royaume ; mais Guillaume ayant remporté une victoire complète à la Boyne en Irlande, Jacques se retira définitivement avec sa seconde femme, Marie d'Este, à Saint-Germain où ils vivaient des bienfaits du roi de France, et d'une pension que leur faisait leur fille, la reine Marie.

Jacques mourut à 68 ans ; il dit à son fils, quelques instants avant sa mort : « Si jamais vous remontez sur le trône de vos pères, mon fils, pardonnez à vos ennemis, aimez votre peuple, conservez la religion catholique, et préférez toujours l'espérance d'une couronne éternelle, à un royaume et à des biens périssables. » Ce roi avait peu de génie, mais il était plein d'honneur, de vertus et d'activité ; sa vie privée fut un exemple de toutes les vertus chrétiennes.

Il eut de sa première femme, Anne Harrisson, deux filles, Anne et Marie, et de Marie d'Este, Jacques III le Prétendant, qui mourut à Rome, en 1766, et dont les deux fils furent Charles-Édouard, et le cardinal d'Yorck. Tels furent les Stuart. derniers rejetons de cette famille infortunée des

Les aventures et les inconséquences du duc de Monmouth, fils illégitime de Charles II, et sa mort cruelle, juste récompense de sa trahison, avaient attristé les premières années du règne de Jacques II.

GUILLAUME III DE NASSAU
ET MARIE STUART

1688-1702

Guillaume de Nassau, prince d'Orange, puis

roi d'Angleterre, naquit à la Haye, en 1650, de Guillaume de Nassau et d'Henriette-Marie fille de Charles Ier. Il fut nommé général des troupes de la République des Pays-Bas, alors en guerre avec Louis XIV. Ce prince, dit un historien célèbre, nourrissait sous le flegme hollandais, une soif insatiable d'ambition et de gloire. Son humeur était froide et sévère, son génie actif, son courage héroïque ; il ne se rebutait jamais, et faisait supporter à son corps faible et délicat des fatigues au-dessus de ses forces. Tel était le héros que les Hollandais opposèrent à Louis XIV, et qui, faisant partout face à l'ennemi, balança à Senef la fortune du grand Condé, et finit par conclure avec la France une paix honorable à Nimègue, en 1678.

Le prince d'Orange, épousa Marie, fille du roi Jacques, et lorsque les Anglais songèrent à donner un successeur à ce dernier, à cause de son attachement à la religion catholique, Guillaume accourut et détrôna son beau-père. Guillaume ligua alors une partie de l'Europe contre Louis XIV qui s'était fait le protecteur du roi Jacques. La dernière bataille que le nouveau roi d'Angleterre, gagna sur ses ennemis fut celle de la Boyne qui obligea Jacques à se retirer à Saint-Germain. Guillaume allait de nouveau prendre les armes lorsqu'il mourut d'une chute de cheval à 47 ans. En usurpant le trône, ce prince conserva sa place de Stathouder de Hollande, il n'aima jamais Londres, où il essuyait sans cesse des contrariétés. On le força à renvoyer sa garde hollandaise, ce qui lui donna un profond chagrin. La reine Marie au contraire aima toujours beaucoup son pays, et ne quitta jamais Londres, où sa grande bonté la faisait adorer de son peuple. Les manières de Guillaume ne prévenaient pas en sa faveur ; il y avait dans sa personne quelque chose de fier, de hautain et de repoussant ; quoiqu'il fût très-instruit, il ne parlait jamais dans le monde ; il comprenait, dit-on, toutes les langues de l'Europe. Quoiqu'il aima tendrement la reine, il ne lui laissa prendre aucune influence. On a beaucoup blâmé dans la reine Marie, l'indifférence avec laquelle elle s'établit sur le trône et dans le propre palais de son père, dont elle ne parlait jamais, quoiqu'elle lui fît une pension.

ANNE STUART

1702-1716

Anne, fille de Jacques II et d'Anne Harrisson, naquit en 1662, et fut élevée dans la religion protestante quoiqu'elle dût le jour à des parents catholiques. On la maria fort jeune avec Georges prince de Danemarck ; devenue veuve, elle fut appelée à succéder à sa sœur Marie, morte sans enfant.

Une fois sur le trône, Anne se fit chérir des Anglais, en entrant dans toutes leurs vues. Elle secourut contre la France, l'empereur Léopold. Le général Marlborough, son favori, acquit une gloire immortelle à son règne, par le succès de ses armes dans la fameuse guerre de la succession d'Espagne.

La reine Anne fut une des premières à entrer dans la négociation qui se conclut à Utrecht; elle ne négligea ni sa gloire, ni les intérêts de sa nation. Un des articles les plus honorables de ce traité fut d'engager Louis XIV à délivrer les réformés condamnés aux galères. Anne mourut en 1716, après avoir assuré la couronne à la maison de Hanovre. Elle voulait d'abord rappeler au trône son frère Jacques III; les indiscrétions des ministres firent manquer ce projet.

Anne n'avait pas les qualités brillantes d'Elisabeth, mais elle avait une grande bonté, ce qui vaut mieux, pour le peuple, que le plus grand génie.

L'usage fréquent des liqueurs fortes abrégea ses jours.

GEORGES Ier

1716-1727

Georges Ier, duc et électeur de Hanovre, était fils d'Ernest de Brunswick.

La reine Anne étant morte, le 11 août 1716, Georges fut proclamé roi à Londres le même jour. Quelques semaines plus tard eut lieu son couronnement. Comme tout le peuple était accouru et que la foule était immense, Georges dit que cette cérémonie lui avait fait penser au jugement dernier, à quoi une des dames répondit : « Que ce jour-là était, en effet, une résurrection pour tout bon Anglais. »

Georges fit prospérer la nation, s'occupa de la marine et arma trois flottes pour des entreprises de commerce. Il avait pour ministre le célèbre Walpole.

Ce prince mourut à l'âge de soixante-sept ans, d'une attaque d'apoplexie foudroyante. Il laissa la réputation d'un roi loyal et vertueux. On raconte de lui un trait qui lui fait honneur ; étant masqué dans un bal, il proposa à une dame de se rafraichir, elle accepta et lui porta la santé du prétendant : « De tout mon cœur, répondit Georges, je bois volontiers à la santé de tous les princes malheureux. »

GEORGES II

1727-1760

Georges-Auguste succéda à son père à l'âge de 42 ans. Les armes anglaises prospérèrent sous son règne ; il est vrai que les victoires et les défaites en Allemagne se compensèrent à peu près ; mais il fit d'immenses conquêtes dans les Indes et assura ainsi la prépondérance commerciale de son royaume.

Il succomba à la même maladie qui avait emporté son père ; il fut frappé le matin du 15 octobre 1760, d'une attaque d'apoplexie foudroyante.

Ce prince était un habile politique ; il sut bien gouverner un peuple qui ne sait guère obéir.

Georges II, laissa pour successeur son petit-fils Georges, fils aîné de Frédéric, prince de Galles, mort avant son père.

GEORGES III
1760-1820

Georges III, en montant sur le trône se montra disposé à régner par lui-même et à porter les limites de son pouvoir aussi loin que pouvait le permettre le système de responsabilité ministérielle qu'il trouvait établi. Le roi n'avait plus à craindre les attaques réitérées du prétendant qui avait tant occupé le dernier règne. C'était donc un moment favorable pour replacer la couronne au-dessus de toute influence, et avec plus de prudence, plus d'habileté, et moins d'entêtement, le nouveau roi aurait pu regagner tout ce que les circonstances avaient fait perdre au pouvoir royal.

De grandes conquêtes en Amérique continuèrent à enrichir l'Angleterre sous le règne de Georges III. Le Sénégal, les côtes de Malabar et de Coromandel rentrèrent sous la domination anglaise, par la paix de 1769. L'Angleterre restitua la Martinique et la Guadeloupe à la France qui perdit le Canada, la plus ancienne de ses possessions. Georges accorda à ses sujets la liberté de conscience, et réduisit le serment du texte à la formule la plus simple. De grands orages politiques s'élevèrent au Parlement, à la Chambre des Communes, au sujet de quelques réformes législatives et parlementaires. Pitt et Fox furent les orateurs qui s'immortalisèrent dans les grandes luttes de la politique. Les crimes affreux de la Révolution française, la douloureuse catastrophe qui en fût la suite, amenèrent de fâcheux résultats pour le commerce et l'industrie anglaise. Le gouvernement se montra bon et hospitalier pour les émigrés français et les prêtres catholiques. Les Anglais luttèrent ensuite avec les Français, dans une longue guerre dont le résultat fut pour eux, la conquête de Malte et de grandes victoires qui, dit un auteur célèbre, « servirent à rétablir plus tard l'équilibre européen, et à relever les trônes tous ébranlés par la puissance formidable de Napoléon. »

Georges mourut à l'âge de 86 ans. Une maladie mentale l'avait rendu incapable de régner depuis plusieurs années. Le prince de Galles, son fils, qui occupait la place de régent du royaume lui succéda.

La conduite de Georges III envers sa femme Caroline de Brunswick, lui avait fait perdre l'affection de ses sujets, et ses mauvaises mœurs, lui avaient enlevé leur estime. L'épouse de Georges III princesse aussi bonne que vertueuse fut Louise de Saxe.

GEORGES IV

1820-1830

Le nouveau souverain, qui depuis plusieurs années avait banni la princesse de Galles, sa femme, ne voulut pas permettre qu'il fût question d'elle, dans les prières du peuple. Tout le monde, à l'avènement de Georges à la couronne, se demandait avec indignation, si l'infortunée reine d'Angleterre continuerait sa vie errante et vagabonde à l'étranger, et si le Parlement ne prendrait pas des mesures pour qu'elle fût traitée plus convenablement. Caroline demanda à être entendue par des juges; on allait lui accorder sa demande, lorsqu'eut lieu la fameuse conspiration d'Arthur Chistevood, qui rappelait celle des poudres, arrivée sous Jacques Ier. Les assassins moururent du dernier supplice, en se glorifiant du titre de martyrs, ce qui impressionna malheureusement le peuple.

L'arrivée de la reine à Londres, jeta le roi et les ministres dans la consternation et le procès de haute trahison s'instruisit contre Caroline.

Après de longs débats, des discours, des interrogatoires, des efforts inouis d'un côté pour accabler une femme de toute la puissance royale, de l'autre, pour éviter l'opprobre d'une condamnation, cent vingt-trois pairs repoussèrent le crime de haute trahison et déclarèrent la reine coupable d'adultère, tout en convenant que les preuves n'étaient pas concluantes. Caroline protesta énergiquement contre l'accusation d'infidélité à la foi conjugale. Alors la question fut renvoyée à six mois, et la fin de ce long et scandaleux procès, fut un acte de divorce qui reconnaissait en dépit du roi, Caroline reine de la Grande-Bretagne.

Ainsi se termina ce long et scandaleux débat, cette lutte acharnée, qui durait depuis vingt-cinq ans entre Georges et la malheureuse Caroline. On assure que tous les principaux torts venaient des mauvaises mœurs du roi. Il est vrai que la jeune princesse allemande, d'un esprit revêche, n'essaya jamais, dit-on, de plaire à son mari, et qu'elle le prit en profond dégoût dès les premières années de son mariage, lorsqu'elle s'aperçut qu'elle n'aurait point son affection. Ce semblant de victoire de la reine fut célébré par des fêtes brillantes à Londres et le peuple, qui aimait la reine, laissa éclater sa joie. La paix rendue à l'état, le roi songea à son couronnement, qu'on fixa au premier août. La reine alors entra dans Londres, dans un carosse à six chevaux, déclarant qu'elle avait le droit d'assister à la cérémonie, mais on lui refusa l'entrée des portes de Westminster. Elle retourna dans son palais, la mort dans le cœur, et mourut en effet peu après, ordonnant de mettre sur son tombeau : *Here lives Caroline of Brunswick. The injuried queen of England.*

Le roi mourut le 11 juin 1829, à l'âge de 54 ans, laissant la réputation d'un prince habile, instruit, et politique, mais despote, absolu, et ne possédant aucune des vertus qui constituent le vrai chrétien. Il avait fait don au musée britannique de sa bibliothèque composée de 63.000 volumes. Sa seule fille, la princesse Charlotte, était morte peu de jours avant sa mère.

GUILLAUME IV

1830-1837

Guillaume, duc de Clarence, troisième fils de Georges III, fut proclamé roi, à l'âge de 50 ans. C'était un prince affable dans ses manières et bon pour le peuple. Cependant les Wighs mécontents des ministres, comptaient sur le nouveau roi pour ressaisir le pouvoir qu'ils avaient perdu depuis tant d'années; il fallait d'abord renverser le duc de Wellington, qui était le plus ferme appui du gouvernement et du parti tory. Ce fut au commencement de ce règne que O'Connell se montra de plus en plus le défenseur du catholicisme en Irlande ; l'émancipation obtenue sous le dernier règne, produisait peu de chose pour les Irlandais, ils n'avaient que le seul avantage d'envoyer à la Chambre des députés catholiques. Tandis que les

Anglais déclamaient à la Chambre et au Parlement, et faisaient de nouveaux bills pour abolir l'esclavage dans leurs colonies, ils avaient chez eux de véritables esclaves, qu'ils traitaient avec la plus grande rigueur, parce qu'ils n'avaient pas voulu renier la foi de leurs pères pour adopter les doctrines d'un moine apostat, doctrines d'abord combattues par Henri VIII, puis adoptées par lui pour favoriser son injuste divorce, et son criminel mariage avec Anne de Boleyn. Le roi n'ayant point d'enfants de son mariage avec la reine Sophie de Saxe-Meiningen, désigna pour lui succéder, sa nièce, la fille de son frère le duc de Kent, la princesse Alexandrine-Victoire. Peu après, parut le fameux acte de l'abolition définitive de l'esclavage dans les colonies anglaises, à dater du 5 août 1834. Une bill d'amélioration pour le gouvernement de l'Irlande passa aussi dans les deux Chambres.

Guillaume mourut le 14 juin 1836 ; la nouvelle reine se rendit au Conseil le 18 pour y prêter elle-même le serment d'usage, et pour signer l'acte du maintien de l'église anglicane et de ses droits.

Des adresses de félicitations et de condoléance furent votées sans discussion, les communes allouèrent à la veuve de Guillaume, un revenu de cent mille livres. Le 23, le duc de Cumberland partit pour aller prendre possession de son royaume de Hanovre, que lui avait légué en mourant le dernier roi.

VICTORIA-ALEXANDRINA

Reine actuelle de la Grande-Bretagne.

HISTOIRE D'ESPAGNE

NOMS

DES ROIS ET REINES D'ESPAGNE

Depuis la réunion des royaumes de Castille
et d'Aragon.

1479. Ferdinand, dit le Catholique. — Isabelle de Castille.

1504. Jeanne, dite la Folle. — Philippe d'Autriche.

1516. Charles-Quint. — Isabelle de Portugal.

1556. Philippe II. — Marie de Portugal; Marie Tudor; Elisabeth de Valois; Marguerite d'Autriche.

1598. Philippe III. — Félicité Cabrera.

1621. Philippe IV. — Elisabeth de France; Anne d'Autriche.

1665. Charles II. — Louise d'Orléans; Anne de Neubourg.

1683. Philippe V de Bourbon. — Gabrielle de Savoie; Elisabeth Farnèse.

1713. Ferdinand VI. — Marie-Barbe de Portugal.

1759. Charles III. — Louise-Gabrielle de Savoie.

1788. Charles IV. — Louise de Bourbon-Parme.

1808. Ferdinand VII. — Amélie de Saxe; Christine de Naples.

1833. Isabelle II. — François de Paule de Bourbon.

HISTOIRE D'ESPAGNE

FERDINAND D'ARAGON
ET ISABELLE DE CASTILLE
1479-1516

Ferdinand V, dit le Catholique, fils de Jean II roi d'Aragon, épousa en 1469 sa cousine Isabelle, héritière du royaume de Castille. Ce mariage joignit les états d'Aragon à ceux de la Castille.

Ferdinand et Isabelle vécurent longtemps ensemble, non, comme deux époux dont les biens sont communs, mais comme deux monarques unis dans leurs communs intérêts. Ils formèrent une puissance comme l'Espagne n'en avait pas encore vue. Ferdinand et Isabelle conquirent le royaume de Grenade sur les Maures, après une guerre de huit ans. A la même époque Christophe Colomb découvrait l'Amérique et en prenait possession au nom de Ferdinand et d'Isabelle. Gonzalve de Cordoue s'empara sous ce règne d'une partie du royaume de Naples. Cette conquête fut suivie de celle de la Navarre.

Henri VIII, roi d'Angleterre, qui avait épousé la fille aînée des monarques d'Espagne, leur pro-

posa de faire ensemble la conquête de la Guyenne.
Ils acceptèrent et se servirent de l'armée anglaise
pour s'emparer de la Navarre.

Ferdinand fut appelé le *sage* et le *prudent*. Il
fut le plus grand monarque de son siècle ; fier,
souple, adroit, laborieux, connaissant les hommes
et les affaires, il fit la guerre non en paladin mais
en roi.

Son épouse Isabelle était un modèle de grandeur, de bonté, de générosité, de piété. Lorsqu'elle
mourut, la Castille passa à sa fille Jeanne.

Ferdinand survécut douze ans à Isabelle, il
mourut en 1516, laissant tous ses états à Jeanne,
qui régnait déjà sur la Castille.

Dans toutes ses entreprises Ferdinand avait été
puissamment secondé par son ministre, le cardinal Ximénès. Il réorganisa l'Inquisition et chassa
les Juifs de ses états, mais cette dernière mesure
n'eut pas d'heureux résultats.

Outre Jeanne, il eut trois autres filles et un fils,
don Juan, qui malheureusement mourut jeune.

JEANNE LA FOLLE
1504-1555

Philippe, archiduc d'Autriche, fils de Maximin,
empereur d'Autriche, épousa en 1490, Jeanne la
Folle, reine de Castille et plus tard d'Espagne. Il
mourut en 1506, à Burgos, à l'âge de 28 ans, après
une maladie de 6 jours. C'était le prince le plus

beau et le plus généreux de l'Europe, mais il s'en fallait bien qu'il eût le génie de son beau-père ; on craignait s'il eût régné plus longtemps, qu'il n'eût aboli l'Inquisition, regardée alors comme si nécessaire. Philippe qui considérait le roi de France, Louis XII comme le plus honnête homme du monde, lui confia la tutelle de ses fils, Charles et Ferdinand. La malheureuse Jeanne qui était devenue folle à la mort de son époux n'eut plus dès-lors que le titre de reine ; ses états furent gouvernés en son nom durant le reste de sa vie, d'abord par son père Ferdinand et ensuite par son fils Charles-Quint jusqu'à sa mort qui arriva en 1555.

CHARLES QUINT

1516 1556

Charles-Quint, naquit en 1500; il fut roi d'Espagne et empereur d'Allemagne. Par sa mère il eut l'Espagne, et par son grand-père Maximilien, dont il était l'héritier légitime, il devint empereur. François Ier voulut cependant lui disputer l'empire par ses intrigues et son argent. Charles dont la jeunesse donnait moins d'ombrage aux électeurs que la valeur de son rival, l'emporta sur lui.

Cette rivalité alluma la guerre entre la France et l'Empire. L'armée de Charles, conduite par le connétable de Bourbon, traître à sa patrie, fit des prodiges de valeur à Romagnano ; les Français y perdirent le chevalier Bayard, qui à lui seul valait toute une armée. A Pavie, François Ier fut fait prisonnier, Charles le fit conduire à Madrid, dissimulant sa joie, en disant que les princes chrétiens ne devaient se réjouir que des victoires remportées sur les infidèles. François Ier ayant obtenu sa liberté, après le fameux traité appelé la paix des Dames, donna pour rançon plusieurs villes importantes.

Charles passa ensuite en Afrique, où il établit le fort de la Goulette, remporta une grande victoire sur le doge de Tunis et obtint la liberté de plus de vingt-deux mille esclaves chrétiens. Après de nouvelles batailles contre la France, Charles conclut à Nice une trève de dix ans avec François Ier. L'année suivante, l'Empereur demanda au roi de France le passage dans ses états pour aller punir les Gantois révoltés. Il l'obtint et s'arrêta à Paris en passant.

A cette époque, Charles-Quint eut de grands revers : la Hollande se révolta, la ville de Metz lui fut enlevée par le duc de Guise. Ces derniers malheurs déterminèrent Charles à accomplir cet acte si extraordinaire, qui étonna toute l'Europe. Il fit élire son frère Ferdinand empereur, et donna la couronne d'Espagne à son fils Philippe. « Je fais, dit Charles pendant la cérémonie de son abdication, une action dont l'antiquité fournit peu d'exemples, et qui aura peu d'imitateurs dans la postérité. » Le monastère de St-Just situé dans un agréable vallon de la Castille, fut la retraite qu'il choisit. Tous les vendredis de Carême, il se donnait la discipline avec toute la communauté, et suivait tous les offices du chœur.

Un matin que Charles éveillait un novice plongé dans un profond sommeil, le jeune homme se levant à regret lui dit : « C'était bien assez de troubler le monde, sans venir troubler ceux qui en sont sortis. » On prétend que dans sa retraite, Charles regretta le trône, et qu'il ne l'avait quitté que dans l'espérance d'arriver à la papauté. L'Empereur fit célébrer son enterrement pendant sa vie, il se plaça même dans son cercueil ; mais il n'en sortit que pour mourir peu après. Charles-Quint considéré sous le rapport de l'esprit, de la politique et du courage mérite tous les éloges, mais son peu de franchise et de probité le fait passer pour un prince dissimulé et souvent déloyal. Il jurait toujours, « foi d'homme de bien, » et avait la coutume de faire tout le contraire de ce qu'il jurait.

Les Espagnols comparent ce prince à Salomon pour la sagesse, et à César pour le courage. Les rois d'Espagne n'ont porté le titre de majesté que depuis Charles-Quint.

PHILIPPE II

1556-1598

Philippe II, né en 1527, devint roi de Naples en 1554, des Pays-Bas en 1555 et d'Espagne en 1556, après l'abdication de son père. A la mort de sa première épouse, Marie de Portugal, mère de l'infortuné don Carlos, il épousa Marie, reine d'Angleterre, cousine germaine de son père, et ils gouvernèrent ensemble leurs royaumes respectifs.

Philippe ayant gagné la célèbre bataille de Saint-Quentin sur les Français, fit vœu de faire bâtir l'Escurial dédié à saint Laurent. L'année suivante le duc de Guise répara la honte de sa patrie, en prenant Calais et Thionville. En 1559 fut signée la paix de Cateau-Cambrésis, le chef-d'œuvre de la politique de Philippe II. Cette guerre si célèbre finit comme tant d'autres par un double mariage : Philippe épousa en troisièmes noces Elisabeth de France, fille d'Henri II, pendant que Philibert-Emmanuel, duc de Savoie, épousait Marguerite de Valois, sœur du roi. La jeune reine d'Espagne avait, dit-on, été promise à Don Carlos ; ce mariage causa la mort de ce jeune prince si intéressant

Philippe rentra triomphant en Espagne ; son premier soin en arrivant fut de demander au grand inquisiteur, le spectacle d'un autodafé ; quarante malheureux furent livrés aux flammes. Le cruel souverain répondait à ceux qui s'étonnaient de sa barbarie, que si son fils était suspecté d'hérésie, il le livrerait lui-même aux mains du bourreau. Il se conduisit toujours d'après cette maxime, et ayant appris qu'en Flandre, toute une bourgade avait adopté les erreurs de Luther, il ordonna qu'on fit périr toute cette population par le gibet.

Les Hollandais ne pouvant plus supporter le joug tyrannique de Philippe, se révoltèrent. Le roi envoya pour les punir le duc d'Albe. Il mit à prix la tête de Guillaume d'Orange, le plus chaud partisan de l'indépendance. Une lâche trahison délivra Philippe de son plus implacable ennemi. On accusa le roi d'Espagne de ce crime qui fut inutile, car à la même époque les provinces-unies se formèrent en république, et s'unirent à l'Angleterre pour combattre Philippe.

Ce prince prépara en 1588 une flotte nommée *l'invincible Armada*, elle se composait de cent-cinquante gros vaisseaux, qui furent mis en mer, pour combattre la reine Elisabeth. Mais les vents combattirent pour elle : son armée navale, commandée par le célèbre comte d'Essex, fut entièrement victorieuse. La reine d'Angleterre triompha à Londres, à la manière des anciens Romains. Philippe supporta ce malheur en héros.

Sous Henri IV, le roi d'Espagne reçut le nom de Protecteur de la ligue. Il se croyait déjà roi de France, au préjudice du roi protestant, lorsque la conversion de celui-ci, lui enleva toutes ses espérances. Ce monarque mourut d'une attaque de goutte à l'âge de 73 ans. Il n'y a point de prince dont on ait écrit plus de mal et plus de bien. Les catholiques le peignent comme un Salomon et les protestants comme un Tibère. Le fait est qu'à de grands talents et à de grandes vertus, il unit de grands vices. Il avait le génie de la politique ; il sut faire respecter les lois, la religion et la majesté royale, mais il était vindicatif, cruel et jaloux. Son fils Philippe III, fils de sa quatrième femme, Marie-Anne d'Autriche, lui succéda à vingt ans. Sa fille Catherine-Michelle épousa Charles-Emmanuel, duc de Savoie.

PHILIPPE III

1593-1621

Philippe III monta sur le trône après la mort de son père en 1598. La guerre avec les Pays-Bas durait toujours ; Philippe se rendit maître d'Ostende, par la valeur de Spinola, général en chef de son armée et conclut avec eux une trève de 12 ans.

L'expulsion entière des Maures eut lieu sous ce règne. Les restes des anciens vainqueurs des Espagnes étaient la plupart désarmés, occupés de commerce et très-utiles à la monarchie par leur industrie. On les accusa d'être Mahométans au fond du cœur, quoiqu'ils fussent chrétiens extérieurement, et l'Inquisition ne pouvant les convertir donna au roi le triste conseil de les chasser. Un arrêt lancé contre eux, ordonna à tous ces malheureux de sortir de ce royaume, sous peine de mort. A cet ordre, deux millions de sujets quittèrent l'Espagne, et avec eux, disparurent le commerce et l'agriculture. Philippe tâcha de réparer le mal que cet édit avait fait dans ses Etats, en accordant des lettres de noblesse à tous les Espagnols qui s'occuperaient d'agriculture. Cette loi si sage ne produisit pas de grands effets sur une nation qui se glorifiait de sa paresse.

Philippe mourut à l'âge de 43 ans; faible, indolent, inappliqué, il avait cependant de la douceur dans le caractère, des mœurs pures et une piété sincère. Sa fille Anne épousa Louis XIII, et fut mère de Louis XIV. Son fils unique lui succéda.

PHILIPPE IV

1621-1665

Philippe naquit en 1605 de Philippe III et de Marguerite d'Autriche ; la guerre avec la Hollande se ralluma avec plus de violence que jamais; elle fut heureuse pour l'Espagne tant que Spinola commanda les troupes. La fortune abandonna ensuite les Espagnols, ils perdirent l'Artois; le Portugal secoua le joug de ses vainqueurs et il s'y forma une conspiration qui mit la famille de Bragance à la tête de cette nation ; le Brésil retourna à ses premiers maîtres ; les îles Açores, Goa et Macao échappèrent en même temps à la domination de l'Espagne.

Philippe ne connut la révolution du Portugal

que lorsqu'elle fut accomplie. Les courtisans n'o-
saient pas apprendre au Roi une nouvelle si acca-
blante ; enfin son ministre Olivarès prit un air riant,
et s'approcha de Philippe en disant : « Sire, le duc
de Bragance est fou, il vient de se faire proclamer
Roi de Portugal. Cette extravagance vous vaut la
confiscation de quatre millions. » Philippe étonné
ne répondit que ces mots : « Il faudra y mettre
ordre », et se replongea dans les plaisirs.

Olivarès auteur en partie des malheurs de l'Espagne, fut enfin disgrâcié. Après une longue
guerre avec la France, la paix fut signée en 1660,
dans l'île des Faisans. Les deux articles principaux du traité furent le mariage de l'infante Marie-Thérèse avec Louis XIV, et la cession du Roussillon.

Il ne restait plus d'ennemis à l'Espagne que les
Portugais. Philippe les considérait comme des
esclaves révoltés qu'il n'aurait pas de peine à remettre à la chaîne, mais deux batailles perdues
firent évanouir cette superbe espérance.

Philippe IV mourut à l'âge de 64 ans. Il fut humain, affable, modéré et bienfaisant ; quoiqu'il
aimât ses sujets avec tendresse, il ne fut jamais ni
craint, ni respecté ; on l'accablait de plaisanteries.
Quand il eût perdu le Portugal, l'Artois et le Roussillon, on lui donna pour devise un fossé, avec ces
mots : « plus on lui en ôte, plus il est grand. » Phi-

lippe eut deux épouses, Elisabeth de Toscane, puis Anne d'Autriche. Il ne laissa qu'un fils.

CHARLES II
1665-1700

Charles succéda à son père à l'âge de huit ans. Il régna d'abord sous la tutelle de sa mère, Anne d'Autriche, et dans une guerre qu'il fit à la France se vit enlever la Franche-Comté et plusieurs provinces des Pays-Bas. (1678)

Ce prince épousa Louise d'Orléans, nièce du Roi de France, et quatre ans après, Anne de Neubourg, en secondes noces. Il n'eut d'enfant ni de l'une ni de l'autre, et la grande affaire de tout son règne fut le choix d'un successeur. Son premier testament appelait au trône d'Espagne, le prince de Bavière, neveu de sa femme; deux ans après, en 1700, il déclara Philippe d'Aujou, petit-fils de Louis XIV, son héritier et mourut le 1er novembre de la même année.

Avec lui finit en Espagne le règne de la maison d'Autriche, qui lui avait donné six rois. Charles avait été élevé dans la paresse et l'indolence. Son excuse fut dans une santé chancelante. Philippe monta sur le trône aussitôt après la mort de son oncle.

PHILIPPE V D'ANJOU
1700-1746

Philippe V, second fils de Louis, Dauphin de

France et d'Anne de Bavière, fut appelé à la couronne d'Espagne à l'âge de dix-sept ans par Charles II, son grand-oncle. Il fut déclaré roi d'Espagne le 16 novembre 1700 à Fontainebleau. Il fut reçu à Madrid, avec acclamation par les uns, et avec murmure par les autres.

Philippe fut d'abord reconnu par le Portugal, l'Angleterre, la Hollande et la Savoie, puis une partie de l'Europe, à l'instigation de l'empereur Léopold qui voulait la couronne d'Espagne pour son petit-fils l'archiduc Charles, se ligua contre lui.

Les commencements de cette guerre célèbre furent mêlés de succès et de revers. Philippe passa en Italie pour conserver Naples et après s'être assuré de ce royaume par quelques combats, il retourna en Espagne, mais peu après la Sardaigne et le royaume de Naples lui furent enlevés par la perfidie de quelques seigneurs espagnols. Philippe fut obligé de sortir de Madrid. On lui conscilla dans cette extrémité de se joindre aux ennemis de la France, qui à cette condition lui laisseraient l'Amérique et l'Espagne. Mais il répondit avec indignation : « Non, je ne tirerai jamais l'épée, contre une nation à laquelle après Dieu, je dois le trône. » Apprenant que Louis XIV accablé par ses ennemis, allait l'abandonner comme avait fait son son beau-père, Victor-Amédée de Savoie, il prit la résolution de passer en Amérique avec ses princi-

paux seigneurs, plutôt que de se désister de ses
droits sur l'Espagne. Cette généreuse résolution fit
changer le système de la cour de Versailles, et le
duc de Villars par ses brillantes victoires rendit
enfin la paix à l'Europe. Un traité fut conclu à
Utrecht en 1713 et Philippe eut la joie de voir assurer la couronne à ses descendants masculins.
Le roi s'occupa alors à rétablir l'ordre dans les finances et il y réussit en partie.

Il y avait à ce moment en Espagne un homme
dont le génie aurait été très-utile à sa patrie, sans
son ambition démesurée : c'était le cardinal Albéroni. Parvenu à la dignité de premier ministre, il
abreuva le roi de tristesse par ses intrigues et prépara une longue et périlleuse guerre avec l'Angleterre.

Après le traité de la quadruple alliance en 1724,
le roi abdiqua et se retira avec sa seconde femme,
Elisabeth Farnèse, à Saint-Ildephonse. Louis, son
fils aîné, lui succéda et mourut sept mois après.
Philippe alors fut forcé de reprendre le sceptre,
et travailla au bonheur de son peuple. Il invita
tous ses sujets à recourir à lui au moindre déni
de justice, fonda plusieurs manufactures, et cou-
ronna tous ses bienfaits, en fondant pour la noblesse pauvre un établissement semblable à celui
que Mme de Maintenon venait de créer à Paris.

Philippe V mourut à l'âge de 63 ans, il laissa
de sa première femme, Louise-Gabrielle de Savoie,

Ferdinand VI, qui lui succéda et d'Elisabeth Farnèse, Don Carlos, qui fut roi des Deux-Siciles, et
régna en Espagne après la mort de son frère et
l'infant Louis.

La piété, la candeur, l'amour de ses sujets, la
franchise formèrent le caractère de Philippe V.
Les lois qu'il a données et les utiles fondations
qu'il a faites rendront à jamais son nom cher aux
Espagnols.

FERDINAND VI
1746-1759

Ferdinand VI, monta sur le trône après la mort
de son père, en 1746. Il commença son règne par
des actes de bienfaisance, fit mettre en liberté
les prisonniers et désigna deux jours de la semaine pour rendre lui-même la justice. Il prit
part à la guerre de 1746 et surtout à la paix
qui assura à son frère Charles le royaume des
Deux-Siciles, et à l'infant Louis les duchés de
Parme et de Plaisance. Le roi rétablit ensuite la
marine, réforma le clergé séculier, protégea les
arts et l'agriculture. L'Espagne fécondée par ses
soins, vit sortir de son sein, des manufactures en
tous genres. Les Espagnols auparavant tributaires
de l'industrie des autres nations, virent abonder
chez eux les matières premières et les productions
des arts ; des canaux pratiqués dans différentes

parties du royaume, portèrent l'abondance dans les campagnes.

Ferdinand VI mourut sans postérité, à l'âge de 36 ans, à Madrid, d'une maladie qui ressemblait au spleen des Anglais. Sa femme, Barbe de Portugal, fut un modèle de douceur et de vertus.

CHARLES III
1759-1788

Charles III, roi de Naples, abdiqua en faveur de son fils Ferdinand, pour monter sur le trône d'Espagne après la mort de son frère. Il était alors âgé de 52 ans et se présentait à ses nouveaux sujets avec les plus glorieux antécédents; ceux-ci lui savaient bon gré de quitter pour eux un pays où il était adoré. La première pensée du nouveau roi fut de travailler à l'accomplissement du projet de son aïeul, Louis XIV, en formant un traité avec tous les princes de la maison de Bourbon.

L'excellent Charles III ne vécut pas assez pour le bonheur de l'Espagne : il mourut âgé de 62 ans. Il eut toutes les vertus de son frère; c'est le plus grand éloge qu'on puisse faire de lui.

Il laissa la couronne à son fils aîné, Charles, prince d'un caractère fantasque et emporté. Ferdinand, son second fils, régnait à Naples.

Son épouse, Gabrielle de Savoie, fut aussi distinguée par son esprit que par ses vertus.

CHARLES IV
1788-1808

Ce prince, d'un caractère bizarre et violent, quoique sans volonté, avait atteint sa quarantième année lorsqu'il monta sur le trône. Il passa de la domination de son père sous celle de sa femme, Louise de Bourbon, sa cousine. Cette princesse avait une nature impérieuse et des passions violentes. Le nouveau souverain et son royaume furent livrés à ses funestes et coupables caprices.

Bientôt un favori, Manuel Godoy s'empara de l'esprit et du cœur de la reine. Il commença par exercer sur ses maîtres, cette influence qui leur devint si funeste. Appelé au rang de premier ministre, Godoy ne s'occupa qu'à de puériles et coupables intrigues, pendant que le chef de la maison de Bourbon était livré à ses ennemis et subissait son martyre avec la résignation des premiers chrétiens.

Cependant le crime affreux de la mort de Louis XVI rappela Charles à lui-même. L'exécution régicide faite à Paris arracha un cri d'indignation à toute l'Espagne qui courut aux armes à l'appel de son souverain ; la guerre fut déclarée à la République française. Malheureusement les Espagnols furent vaincus et par un traité qui fut conclu à Bilbao, ils cédèrent à la France l'île de Saint-Domingue. Une des clauses de ce traité stipulait l'élargissement du jeune Louis XVII détenu au Temple, mais la mort de ce malheureux fils de Louis XVI ne permit pas d'exécuter cette condition, et l'Espagne devint l'alliée de la France révolutionnaire par l'infernale politique de Godoy, que son faible maître venait de créer grand d'Espagne et prince de la Paix.

Cependant l'attachement aveugle que Charles IV avait pour son favori, le faisait souscrire à des actes que sa conscience lui reprochait ; troublé aussi par les scènes terribles qui avaient lieu entre l'infant Ferdinand et sa mère, il abandonna entièrement les affaires.

Bientôt Bonaparte qui venait de saisir le pouvoir dictatorial et devant lequel tous les rois allaient s'incliner, forma avec Godoy un traité dont la politique onéreuse, ruinait la marine espagnole, et Napoléon, maître d'une partie de l'Europe, conçut le dessein de s'emparer des trônes de Madrid et de Naples. L'empereur Napoléon chercha d'abord à s'assurer du concours du prince de la Paix, en se l'attachant par l'intérêt. Le Portugal morcelé devait appartenir à Godoy.

Ce misérable favori chercha alors à donner à sa fortune des bases solides, en demandant en mariage la sœur de la femme de Ferdinand, seconde fille de Louis-Antoine de Bourbon ; Ferdinand, fils de Charles IV, malgré sa faiblesse, se révolta contre l'audacieuse espérance du favori. Il osa le braver, ainsi que son indigne mère et parla de commencer une guerre contre la France et de s'ensevelir avec son père, sous les ruines de la monarchie espagnole. La reine et Godoy désespérant alors de triompher de l'opiniâtreté du prince, l'accusèrent auprès de Charles IV de conspirer contre son trône et sa vie. L'infortuné monarque enveloppé dans un réseau de mensonges et de calomnies, maudit son fils et le regarda comme indigne de régner.

Le malheureux Ferdinand ne vit plus d'autres moyens pour échapper au courroux de son père, que de recourir à la protection de Napoléon qui arriva en Espagne au moment où le peuple indigné contre le prince de la Paix, venait par ses cris de : Vive Ferdinand! de forcer Charles IV d'abdiquer en faveur de son fils le 19 mars 1808.

FERDINAND VII

1808-1833

Charles IV allait rétracter son acte d'abdication, en faveur de son fils, à la prière de la Reine, lorsque cette malheureuse famille, aussi divisée que celle des Atrides, se trouva en présence de l'arbitre de sa destinée : Ferdinand résista d'abord, mais ce prince n'était pas d'un caractère à soutenir longtemps une fermeté qu'il ne devait qu'à ses amis. La crainte de l'anarchie à laquelle il allait livrer l'Espagne, acheva de triompher de sa résolution.

Pourtant afin de conserver un reste de dignité, il ne voulut abdiquer qu'en faveur de son père. Napoléon y consentit ; il tenait déjà dans ses mains l'abdication du vieux roi à son profit. Pour cela, il lui avait assuré en France, une résidence royale et un revenu de six millions. Sans perdre de temps, Napoléon rendit publics les deux actes du père et du fils ; il dicta ensuite une proclamation à Charles IV, dans laquelle celui-ci informait ses sujets qu'il ne pouvait leur donner une plus grande marque de son amour, qu'en cédant ses droits au trône d'Espagne et des Indes, à son auguste ami, l'Empereur de France, et le 9 mai Napoléon annonçait par un décret impérial que Charles IV et Ferdinand VII avaient cessé de régner et renonçaient à leur couronne en sa faveur.

Peu après, partirent pour Compiègne Charles IV, Louise de Parme, l'infant François de Paule, l'infant Charles et le prince de la Paix. Le favori pleurait de honte et de rage, en se voyant briser comme un vil instrument par celui qui s'en était servi pour arriver à ses fins.

Peu après, le roi et la reine obtinrent de fixer leur résidence à Rome. Ferdinand et son frère Charles furent retenus presque prisonniers au château de Valançay dans le Berry. Cependant la nation espagnole repoussait avec indignation, le nouveau roi qu'on lui avait imposé : Joseph, frère de l'Empereur, fantôme de roi sans énergie et sans talents.

Cinq années de guerre s'écoulèrent, pendant lesquelles, des torrents de sang arrosèrent les plaines de l'Espagne. Saragosse chassa les Français de ses murs, et le commandant Palafax se couvrit de gloire, en défendant cette ville au nom de Ferdinand VII.

Un éclair d'espérance vint naître pour la malheureuse Espagne, lorsqu'après la bataille de Leipsick, en 1813, Napoléon rappela son armée d'Espagne, et songea à rendre la couronne à Ferdinand qui eut enfin le bonheur de rentrer à Madrid en 1814.

Une fois dans sa capitale, le nouveau roi ne s'occupa qu'à rétablir l'autorité royale sur ses anciennes bases, et refusa de reconnaître la Constitution qu'avaient faite en 1812 les Cortès du royaume. Cette assemblée profitant en effet des troubles des temps, s'était attribué tous les pouvoirs.

.A peine Napoléon fut-il abattu, que l'Angleterre menaça les colonies espagnoles, et souffla de noúveau la discorde dans la malheureuse Espagne.

Mina, un des chefs de l'indépendance, arbora le premier l'étendard de la révolte. Bientôt une émeute terrible éclata à Madrid, et l'infortuné monarque prisonnier dans ses propres états, reconnut et jura la constitution de 1823. On craignait pour le roi d'Espagne, en présence de tant d'audace, un sort pareil à celui de Louis XVI, lorsque la Cour de France vint au secours du malheureux Ferdinand.

Le duc d'Angoulême quitta Paris le 15 mars 1823, pour aller prendre le commandement de l'armée rassemblée le long des Pyrénées. Il était temps. Le désordre redoublait à Madrid, des cris de mort se faisaient entendre jusque dans l'appartement du roi. La marche du prince français ne fut qu'une suite de triomphes ; les révolutionnaires furent vaincus. Les amis du roi, se joignirent avec transport aux sauveurs de la patrie, et le 6 octobre, Ferdinand retrouva avec sa liberté le pouvoir royal.

Ferdinand devenu veuf d'Amélie de Saxe, et n'ayant pas d'enfant, épousa en 1829, Marie-Christine de Naples, fille de François Ier. Cette princesse douée des avantages du corps et de l'esprit, ne tarda pas à prendre le plus grand ascendant sur son royal époux. Ce fut alors que, dans la crainte que l'enfant qu'elle allait mettre au jour, ne fût du sexe féminin, elle obtint de lui, l'abrogation de la loi salique, qui excluait les filles du trône. La santé chancelante du monarque fit tout mettre en œuvre à la reine, pour hâter l'exécution de son projet. Ses pressentiments ne tardèrent pas à se réaliser, elle donna le jour à une fille, qui reçut le nom d'Isabelle. L'année suivante naquit une seconde princesse, qui fut appelée Louisa, et peu de mois après, la mort vint mettre un terme au déplorable état de langueur dans lequel était plongé Ferdinand.

Christine assura la couronne à sa fille, qui reçut le nom d'Isabelle II. L'infant Charles, son oncle, eut aussitôt un parti puissant, et la guerre civile désola de nouveau l'Espagne.

Isabelle II a épousé son cousin François de Paule de Bourbon.

HISTOIRE DE NAPLES

NOMS

DES ROIS ET REINES DE NAPLES

Dynastie normande.

1130. Roger II, premier roi normand. — Elvire de Castille ; Béatrix d'Utchel.

1154. Guillaume le Mauvais. — Marguerite de Romwey.

1166. Guillaume le Bon. — Jeanne Plantagenet.

1189. Tancrède Ier. — Sybille de la Cerra.

Dynastie d'Allemagne.

1194. Henri de Souabe, empereur d'Allemagne. — Constance de Naples.

1197. Frédéric II. — Constance d'Aragon ; Yolande de Lusignan ; Isabelle d'Angleterre.

1250. Conrad Ier. — Elisabeth de Bavière.

1254. Mainfroi. — Béatrix de Savoie.

Dynastie d'Anjou.

1266. Charles d'Anjou. — Béatrix de Province ; Marguerite de Bourgogne.

1285. Charles II le Boîteux et le Sage. — Marie de Hongrie.

1309. Robert le Sage. — Sanchia de Castille.

1343. Jeanne Ire. — André de Hongrie ; Louis de Tarente ; Jacques III de Majorque ; Othon.

1382. Charles III, de Duras. — Marguerite d'Aragon.

1386. Ladislas. — Constance de Clermont ; Blanche de Tarente.

1414. Jeanne II. — Jacques de la Marche.

1435. René d'Anjou. — Isabelle de Castille.

HISTOIRE DE NAPLES

De toutes les nations modernes, il n'y en a point
dont l'histoire paraisse aussi épineuse que celle de
Naples, soit à cause des différentes révolutions,
qu'a essuyées ce royaume, soit, parce qu'il a été
longtemps divisé en deux états particuliers, jusqu'à leur réunion permanente, sous Ferdinand-le-
Catholique, en 1509.

Le royaume de Naples, a reçu des lois tour à
tour, des anciens Romains, des empereurs d'Orient
et d'Occident, des Wisigoths, des Ostrogoths et
des Lombards, qui le possédèrent alternativement
jusqu'à l'arrivée des Normands en Italie. Ces
hardis aventuriers fondèrent alors un nouvel état
sur les débris de tant d'autres.

Dragon, gentilhomme normand, reçut le plus
gracieux accueil, en revenant de Terre-Sainte, de
Guaimar, prince lombard, qui lui donna sa fille en
mariage en 1005. Bientôt Dragon et ses Normands
eurent occasion de témoigner leur reconnaissance
à leur hôte, en repoussant les Sarrasins. Peu
après, les fils de Tancrède d'Hauteville fondèrent

plusieurs duchés, et reconnurent Guillaume *Bras de fer*, pour le premier comte de la Pouille.

A Guillaume, succéda son jeune frère Roger qui est regardé par beaucoup d'historiens comme le premier fondateur de la monarchie en Italie.

Après Roger, Robert son fils soumit ses états au Pape et se reconnut son vassal pour entrer en paix avec l'Eglise. Robert et son frère Roger, firent ensuite la conquête de la Sicile, en 1061, sur les Sarrasins qui opposèrent une si vigoureuse résistance que cette conquête coûta plus de dix ans de combat à leur vainqueur.

Roger, deuxième fils de Robert, se fit couronner en 1130, roi de Sicile, de la Pouille et des Calabres, à Palerne qu'il choisit pour la capitale de ses états.

ROGER II, DIT LE GRAND
PREMIER ROI NORMAND
1130-1154

Comblé de joie par la possession d'un titre, qui était depuis longtemps l'objet de son ambition, Roger ne songea plus qu'à soutenir son rang et à transmettre sa couronne à ses descendants. Il eut de longues guerres à soutenir avec Lothaire, empereur d'Allemagne, qui lui enleva tous ses états au-delà du phare.

Le pape Léon IX, ayant ensuite excommunié Roger, ce dernier, secondé par Guillaume, son fils,

ravagea les états du Pape, et fit même prisonnier
plusieurs cardinaux. La paix s'étant rétablie, Roger
se soumit à l'Eglise et rentra à peu près dans toutes
ses possessions.

Le roi fit ensuite élever pendant les dernières
années de sa vie la cathédrale de Palerme ; à sa
mort, arrivée en 1154, il y fut enterré.

Roger eut cinq femmes, dont Elvire de Castille,
la première, fut la mère de Roger et de Guillaume.
L'aîné de ses fils, prince accompli, étant mort
avant son père, ce fut Guillaume, le cadet, qui lui
succéda. La cinquième femme de Roger fut Béatrix
d'Utchel, qui fut mère de Constance, impératrice
d'Allemagne. Ce fut Roger qui institua la charge
de grand écuyer de la Couronne. Ce monarque
reçut le nom de grand et de père du peuple.

GUILLAUME Iᵉʳ, DIT LE MAUVAIS
1154-1166

Guillaume se fit sacrer solennellement aux fêtes
de Pâques, par Hugues, archevêque de Palerme.
A son avènement au trône, il eut à lutter contre
deux ennemis bien redoutables, l'un l'empereur
d'Orient, Emmanuel Comène, et l'autre l'empereur d'Allemagne, le fameux Frédéric Barberousse. A ces ennemis se joignit le pape Adrien IV.

Après des guerres terribles, Guillaume recouvra
presque toutes les places qui lui avaient été enlevées. Il fit à l'exemple de Barberousse qui avait

détruit la ville de Milan, après en avoir fait sortir tous les habitants, raser la ville de Barni.

L'infâme favori du roi, Mayou, résolut sur la fin de son règne de le faire périr et de se faire couronner à sa place. Aidé d'un prêtre apostat, il ne lui restait plus qu'à frapper le dernier coup, lorsque les deux scélérats, se méfiant l'un de l'autre, se donnèrent réciproquement du poison.

Le peuple indigné de la conduite du roi et de son aveuglement pour son favori, proclama son fils Roger, âgé de 8 ans, roi à sa place et le promena dans la ville, en lui rendant tous les honneurs dus au souverain. Le roi furieux tua d'un coup de pied le pauvre enfant, et peu de jours après mourut de douleur de son crime et accablé de remords.

Guillaume laissa la mémoire d'un tyran détesté. Il eut de Marguerite de Romwey, sa femme, trois fils et deux filles. Son second fils lui succéda sous la régence de sa mère.

GUILLAUME II, DIT LE BON

1166-1189

La régence de Marguerite fut orageuse, car cette reine, femme sans mœurs et sans vertus, se laissa gouverner par ses favoris.

Guillaume mérita le titre de *Bon*, par le soin qu'il prit de faire le bonheur de son peuple, et par son admirable bienfaisance. Il est surprenant qu'un prince, fils d'un pareil père, d'une mère sans honneur et élevé dans une cour aussi corrompue, ait pu résister au torrent de vices qui l'entouraient de toutes parts. Il demeura toujours très-attaché au Saint-Siége et épousa en 1173, la fille d'Henri II Plantagenet, la princesse Jeanne, qui fut reçue avec joie et magnificence à Palerme.

Guillaume fonda l'abbaye de Montréal ; il embellit Syracuse et Catane ; il maria sa sœur Constance avec Henri VI, empereur d'Allemagne. Ce fut aux flambeaux de ces hymens, que s'allumèrent ces feux dévorants qui embrasèrent, pendant tant d'années, les malheureux états de Guillaume le Bon.

Ce prince mourut à 45 ans, trop tôt pour le bonheur de son peuple, que sa fin prématurée plongea dans un abîme de maux.

TANCRÈDE Ier

1189-1194

Guillaume étant mort au retour de la croisade, où il alla avec son beau-frère Richard Cœur-de-Lion, et où il se couvrit de gloire, comme il ne laissait point d'enfants, une foule de prétendants s'agitèrent de toutes parts. L'empereur d'Allemagne fit valoir les droits de sa femme, mais les vœux des Siciliens se penchèrent sur Tancrède, cousin du feu roi.

Tancrède avait des vertus qui le rendaient digne

du trône et de plus la protection des Papes. Il fut donc élu. Son règne promettait des jours heureux à son peuple, lorsque l'empereur Henri fit entrer une armée considérable en Italie. Cette armée, commandée par le général Testu, fit des prodiges de valeur, et mit tout à feu et à sang. Bientôt le jeune Henri qui venait d'être couronné Empereur après la mort de son père, arriva en Italie, secondé par la marine des Génois. Naples arrêta quelque temps les progrès du vainqueur ; les deux souverains en vinrent aux mains et Roger, fils de Tancrède déploya durant toute cette guerre le plus grand courage.

Pendant une trève de quelques mois, on célébra le mariage de ce jeune héros déjà remarquable, avec Uranie, fille d'Isaac Lange, empereur d'Orient; mais la mort vint tout à coup moissonner ce jeune prince, l'espoir de la Sicile. Tancrède mourut peu à près de chagrin. Guillaume, son dernier fils, fut désigné pour lui succéder sous la tutelle de sa mère, Sybille de la Cerra.

Cependant Henri envahissait l'Italie en vainqueur et en despote. La malheureuse Sybille suivie de ses enfants (un fils et trois filles) se retira au château de Catalabetares, où le cruel Henri l'abusa par des offres généreuses, à condition qu'elle renoncerait à tous ses droits à la couronne. Mais le tyran ne remplit aucun des engagements : le jeune Guillaume fut jeté dans une prison après

avoir eu les yeux crevés. La reine se retira en
Normandie où le roi d'Angleterre lui donna un
asile ; une de ses filles épousa un doge de Venise,
l'autre, un prince de Milan.

HENRI VI, EMPEREUR D'ALLEMAGNE,
DIT LE NÉRON
1194-1197

L'époux de Constance a reçu le nom de Néron
de son siècle. Sa conduite infâme envers la reine
Sybille et ses enfants, fut le prélude de ses crimes.

Sa colère se déchaîna d'abord sur tous les princes
normands, puis sur les corps de Tancrède et de
Roger, qu'il fit déterrer, insulter, et brûler sur la
grande place de Palerme. Ces horreurs rendirent
Henri si odieux à ses sujets et à l'Impératrice, que
les premiers le maudissaient, et que la dernière
se retira dans un couvent.

La Sicile soumise, Henri passa dans ses états
d'Allemagne, emportant tous les trésors des rois
de Palerme. A son retour l'Empereur fit encore
couler des torrents de sang ; sur les plus légers
soupçons il fit mourir dans les tourments les plus
affreux, le fameux Margariton. Henri se réconcilia
ensuite avec Constance et songea à porter la guerre
chez l'empereur d'Orient, pour se faire restituer
les places que celui-ci avait prises à Guillaume II.

Peu après, un certain moine, Guillaume, s'étant
mis à la tête des mécontents, voulut essayer une

révolte; Henri lui fit subir le dernier supplice quelques jours avant sa mort, qui arriva à Messine. Comme il avait été excommunié, ce ne fut pas sans de grandes difficultés qu'Henri fut enterré en terre sainte.

On dit que par son testament, l'Empereur donnait la Sicile à l'Eglise si son fils Frédéric mourrait sans enfant.   -

Henri VI emporta dans le tombeau un nom détesté, et laissa la plus odieuse réputation. Il n'eut qu'un fils, qui reçut les noms de Roger-Frédéric.

FRÉDÉRIC II, DE SOUABE
1220-1250

La régente Constance fit sacrer et couronner son fils, roi de Sicile et empereur d'Allemagne, et son premier acte d'autorité fut de renvoyer toutes les troupes allemandes. Le pape Innocent III obtint alors de Philippe, frère d'Henri, de rendre la liberté au roi Guillaume et à tous les Siciliens prisonniers en Allemagne.

Constance mourut peu après, laissant son fils sous la conduite du Pape. Avec cette princesse s'éteignit la famille des princes normands. La minorité de Frédéric fut très-orageuse : les Allemands s'étant révoltés contre lui, élurent Othon de Saxe, et il eut à soutenir une guerre onéreuse contre ce compétiteur et contre les Génois. Le Pape maria Frédéric avec Constance d'Aragon, et

Othon voulant joindre les états de Naples à sa couronne, le Pape l'excommunia, et Frédéric fut élu empereur par élection en 1212, après avoir fait couronner son jeune fils âgé de deux ans, roi des Deux-Siciles. Bientôt, disent certains historiens, la brillante fortune de Frédéric porta ombrage au Pape ; mais ce fut plutôt le caractère altier et ambitieux de ce prince, qui amena les longs démêlés qu'il eut avec Rome. Il partit ensuite pour la dernière croisade dont Richard de Montferrat fut le chef, et épousa en arrivant en Chypre, Yolande de Lusignan. Cette princesse mourut une année plus tard, en donnant le jour à Conrad. Frédéric II, excommunié par le Pape en punition des massacres ordonnés par lui, nomma pour son vicaire-général, Amédée IV, duc de Savoie. Il s'embarqua pour la Syrie une seconde fois, et trouva tout le monde soulevé contre lui en Palestine : ce qui ne l'empêcha pas de faire remporter aux chrétiens de grandes victoires contre Saladin et de placer, pour quelques mois, sur sa tête la couronne de Jérusalem.

De retour en Italie, Frédéric combattit Grégoire IX, puis son fils Henri qui s'était révolté contre lui. Ayant vaincu ce fils rebelle, il le fit enfermer, et se remaria en quatrième noces, avec la fille de Jean-sans-Terre, roi d'Angleterre. Frédéric ayant refusé de combattre Saladin après une trève, vit se tourner contre lui tous les rois chré-

tiens ; le Pape l'accabla de nouvelles excommunications et publia une croisade contre lui.

Peu après, Innocent IV déposa solennellement
Frédéric au concile de Lyon. L'Empereur s'en
vengea en ravageant toutes les terres de l'Eglise.
Il était à Milan, lorsqu'il fut atteint de la dyssenterie et en mourut à l'âge de 57 ans. Quelques auteurs ont écrit qu'il fut empoisonné par Mainfroi
son fils naturel.

Frédéric fut valeureux, brave et libéral, mais
cruel, opiniâtre et ennemi implacable de l'Eglise.
Ses mœurs furent dépravées et il fut aussi mauvais époux que mauvais père.

Son fils Conrad lui succéda.

CONRAD Iᵉʳ

1250-1254

La faction des Guelfes et des Gibelins avait
inondé de sang l'Italie, sous le règne de Frédéric II.
Ce prince donna par testament son royaume de
Sicile à son fils Conrad, et laissa ses Etats d'Allemagne à Frédéric, fils de son fils Henri, mort en
prison.

Le Pape s'empara immédiatement du royaume
de la Sicile, en vertu de la déposition qu'il avait
faite de Frédéric II.

Conrad et Mainfroi, son frère, firent alors des
prodiges de valeur, et reconquirent en partie leur
héritage. Malheureusement une basse jalousie

s'empara du cœur de Conrad, qui avait hérité des défauts de son père comme de sa valeur ; il ne voulut jamais rendre justice à Mainfroi, que quelques auteurs peignent comme un héros.

Après avoir rangé sous son obéissance toutes les villes du royaume de Naples, l'Empereur se disposait à aller rejoindre en Allemagne, sa femme Elisabeth de Bavière, lorsqu'il mourut à l'âge de 27 ans, ne laissant qu'un fils, âgé de 3 ans, appelé Conradin.

Une grande partie des Guelfes ont prétendu que Mainfroi avait attenté à la vie de son frère afin de s'emparer de ses Etats au préjudice de son jeune neveu. Les Gihelins, au contraire, accusent la cour de Rome de cette mort prématurée. On comprend tous ces soupçons à cette époque terrible, où le crime paraissait toujours la réponse à tout événement sortant de l'ordre de la nature.

MAINFROI Ier

1254 1256

Quoique la tutelle du jeune Conradin appartînt de droit à Elisabeth, l'habile Mainfroi se mit à la tête des affaires. Il eut l'air d'abord de se ranger sous l'obéissance du Pape, et parut ne réclamer que son duché de la Pouille ; mais bientôt levant le masque, il prépara une armée puissante, qui soutint hautement les droits de Conradin. Puis Mainfroi fit publier que son neveu n'existait plus ;

et après de brillantes conquêtes, il se fit proclamer roi à Palerme. Bientôt Alexandre IV, successeur d'Innocent, publia une croisade contre la Sicile et son roi, et offrit à plusieurs princes de l'Europe, le trône de Naples, sous la protection du St-Siége. Après différentes négociations qui échouèrent auprès d'Henri III, roi d'Angleterre, et de saint Louis, roi de France, Charles d'Anjou frère de ce dernier accepta les propositions du Pape en 1267. Clément IV ratifia ces mêmes propositions et tout en créant un nouveau roi donna un vassal à l'Eglise.

Charles reçut l'investiture du royaume de Naples à Rome, et y fut couronné avec son épouse. Ensuite il se mit en marche pour conquérir ses Etats, avec un grand nombre de chevaliers français, dont les principaux étaient : Guy de Beaujon, Robert de Balthum, Bouchard de Montmorency, Guy de Monfort, et Barail des Beaux. La prospérité des Guelfes ne fut jamais aussi grande qu'à cette époque et l'étoile des Gibelins commença à pâlir.

Toutes les excommunications furent lancées contre Mainfroi, et beaucoup de soldats désertèrent son parti.

Après de grands combats, eut lieu la bataille décisive du 25 février 1268, où Mainfroi, au milieu de prodiges de valeur, périt les armes à la main. Les Guelfes refusèrent un tombeau au héros des Gibelins, et son corps fut jeté dans une petite rivière, qui arrosait la plaine, théâtre de ce mémorable combat.

Mainfroi laissa, pour les uns, la réputation d'un héros, et pour les autres, celle d'un tyran. Il mourut à l'âge de 37 ans, ne laissant que deux filles, de sa femme Béatrix de Savoie : l'aînée Constance, fut héritière de Conradin et reine de Sicile ; la seconde, Blanche devint duchesse de Montferrat.

CHARLES Ier D'ANJOU
1266-1285

Le vainqueur regardant sa conquête comme assurée, prit le chemin de Naples, où on lui fit la plus magnifique réception. Mais telle était la dureté de son caractère, que même dans ces jours de réjouissances et de joie, il donna des preuves de son extrême sévérité.

Le jeune Conradin eut alors, malgré les larmes de sa mère, la pensée de venir réclamer son héritage. Il partit, et à peine arrivée en Italie, son armée de cinq mille hommes se grossit de tous les amis de la maison de Souabe. Sa bonté et sa jeunesse lui gagnèrent tous les cœurs ; plusieurs cardinaux même le reçurent en souverain. Conradin était accompagné de son cousin et ami, le duc Frédéric d'Autriche. Bientôt les armées en vinrent aux mains, et après des efforts héroïques dans les deux camps, la fortune trahit le dernier rejeton de la famille de Souabe, qui fut fait prisonnier avec avec le duc d'Autriche et plusieurs seigneurs de son parti. Les Français eux-mêmes n'ont pu excuser l'atroce conduite de Charles, qui après avoir inondé de sang la Sicile entière, eut l'indignité de faire condamner juridiquement ces illustres prisonniers à avoir la tête tranchée.

- Le Pape, *assurent les Gibelins*, approuva cette injuste sentence, et la conseilla à Charles en ces termes : *Vita Coradini, morto Carlo. Vita Caroli, morto Coradino.*

Conradin et son ami montèrent donc sur un échafaud. Tant de jeunesse, de beauté, de grandeur d'âme ne purent attendrir leurs bourreaux. Le jeune prince pardonna à son peuple et lui parla longtemps avant de mettre sa tête sur le billot. Il donna de profonds regrets à sa mère, et jeta son gant dans la place pour qu'il fût ramassé par un ami de la maison de Souabe et remis à sa cousine Constance, fille de Mainfroi et reine d'Aragon, qu'il nomma son héritière.

L'Italie et l'Allemagne apprirent en frémissant la mort de Conradin et toute l'Europe poussa un cri d'épouvante. La malheureuse mère de Conradin vint elle-même à Naples, réclamer le corps de son fils et celui de son jeune ami, mais on les lui refusa; elle ne put que les faire déposer dans un couvent. Elle repartit sur le même vaisseau

qui l'avait amenée et qui était garni de tentures
noires.

Charles se montra bientôt aussi avare que cruel :
enfermé au fond de son palais, entouré de vils flat-
teurs, il ne s'occupa que du soin d'augmenter ses
richesses. Maître d'un puissant royaume et de
l'Anjou, il prit aussi le titre de roi de Jérusalem
quoique Saladin eût reconquis ce royaume peu
après le départ de Frédéric II pour l'Allemagne.

Le pape Nicolas III ayant demandé une des
filles de Charles en mariage, pour son frère, celui-ci lui répondit, que : « Quoiqu'il eût les pieds
rouges il n'était pas d'assez bonne maison pour
s'allier à la famille des Capétiens. »

Le Pape depuis lors devint hostile à la maison
de Charles et entra même dans un complot tramé
contre lui par Jean de Procidas et par Pierre
d'Aragon, époux de Constance, complot qui avait
pour motif la révolte de la Sicile. Procidas,
homme courageux, hardi, entreprenant, trompa
tous les Français. Déguisé en moine, il fit plusieurs
fois le voyage de Rome et celui d'Espagne.

Enfin toutes les mesures étant prises, cette
fameuse conspiration éclata le jour de Pâques
29 mars 1282. La population prit les armes à Palerme le jour de Pâques à l'heure des vêpres, et
massacra tous les Français. L'histoire ne fait
mention que d'un seul Français qui fut épargné,
Guillaume de Porcelet, à cause de sa haute vertu.

Charles qui était le plus violent des hommes, entra en fureur lorsqu'il apprit à Naples ce qui venait de se passer en Sicile. Il arriva à Palerme au moment où Pierre d'Aragon venait d'être sacré roi par l'archevêque. Les Siciliens repoussèrent Charles avec un courage héroïque, et soutenus par les Génois, brûlèrent tous ses vaisseaux qui se trouvaient dans le port de Messine. Le fils aîné du roi fut fait prisonnier et la reine Constance obtint avec grand peine qu'il ne fût pas sacrifié à la fureur de ses ennemis.

En rentrant à Naples, Charles fit couler encore le sang de ses sujets, et essaya en vain de conclure un traité de paix avec la Sicile. Peu après ces derniers évènements, ce prince mourut, accablé de remords et de chagrin. Quelques historiens ont dit qu'il s'était étranglé lui-même ; il avait 59 ans.

Charles a laissé la réputation d'un prince sans honneur et sans vertus, et celle d'un tyran détesté et sanguinaire. Il laissa trois fils et quatre filles de son mariage avec Béatrix, comtesse de Provence, sa première femme, et point de son union avec Marguerite de Bourgogne, sa seconde. Deux de ses fils moururent sans postérité, le troisième Charles lui succéda, Blanche, sa fille aînée, devint reine de Hongrie, la seconde régna quelques années à Constantinople avec Courtenay, et la troi-

sième Marie, mourut de douleur de l'affront qu'elle
reçut d'un chevalier français, Henri de Clermont.

CHARLES II
DIT LE BOITEUX ET LE SAGE
1285-1309

Charles II, était prisonnier en Aragon à la mort
de son père ; la régence fut confié à' son frère Robert ; cinq ans après son élection, Charles sortit
de prison et vint prendre possession de son
royaume. Les conditions de sa rançon furent
qu'il ferait une cession de la Sicile, en faveur de
Jacques d'Aragon, fils de Pierre, qu'il enverrait
pour otage 40 chevaliers et qu'il payerait une
somme de 50,000 marcs d'argent.

Dès que le roi fut libre, il passa en France pour
conférer de ses affaires avec le roi Philippe-le-Bel,
son cousin ; la paix fut conclue avec la Sicile, et
Charles mérita par sa loyauté et sa bonne foi, de
recevoir dans le traité le nom de Sage. Les otages
rentrèrent à Naples, et le mariage de Blanche,
fille du roi, fut conclu avec le roi Jacques.

Le règne de Charles II fut pacifique. Ce prince
n'avait aucun talent pour la guerre, mais il était
plein de droiture et de candeur. Il mourut à 66
ans ; sa veuve Marie de Hongrie se retira dans un
couvent. L'aîné des fils de Charles fut roi de
Hongrie, le second fut évêque et canonisé sous le

nom de Louis d'Anjou, le troisième Robert lui succéda.

Charles fonda un grand nombre de couvents.

ROBERT Ier
DIT LE SAGE ET LE BON
1309-1344

Robert, regardé comme le chef et le soutien des Guelfes, s'unit à Clément V pour chasser Henri VII de l'Italie. Il eut ensuite de violents démêlés avec Frédéric roi de Sicile, et fit exprès le voyage d'Avignon pour y traiter de la paix en présence de Jean XXII. Les Guelfes et les Gibelins, eurent des alternatives de victoires et de défaites, puis un complot découvert à Naples contre la vie de Robert, vint changer en tristesse la joie du mariage du prince de Calabre, qui épousait Marie de Valois, nièce du roi de France Louis X.

Mais bientôt une douleur bien plus vive vint atteindre le cœur du bon roi Robert, il perdit son fils unique qui ne laissa qu'une fille, Jeanne, âgée de deux ans, laquelle joua plus tard un si grand rôle. La princesse de Calabre était enceinte au moment de la mort de son mari. Elle eut une seconde fille du nom de Marie, mariée à un duc de Duras.

Robert en apprenant la mort de son fils, si digne de porter la couronne, s'écria : « La couronne est tombée de dessus notre tête. » Il ne songea

plus qu'à donner tous ses soins à l'éducation de
sa petite fille, qui annonçait une intelligence su-
périeure et les plus heureuses dispositions. Il conçut malheureusement le projet de marier Jeanne
avec André de Hongrie, son neveu. Les deux enfants royaux furent fiancés à l'âge de 7 ans. Robert mourut en 1343, âgé de 69 ans, emportant
dans la tombe la crainte que sa petite fille ne
fût pas heureuse avec le mari qu'il lui avait choisi.
Ce jeune prince en effet n'annonçait que les dispositions les plus basses, et se trouvait sous tous
les rapports trop inférieur à la belle et spirituelle
Jeanne.

Robert laissa la réputation d'un prince pieux et
d'un sage administrateur ; il fit d'excellentes lois.

Sancha de Castille, sa femme, se retira après
sa mort dans un couvent.

JEANNE Iʳᵉ

1343-1382

Jeanne succéda à son grand-père à 19 ans. Elle
se fit couronner solennellement à Naples, et donna
sa sœur en mariage à Louis, duc de Duras. Peu
de jours après, le roi André fut trouvé pendu
à une fenêtre du château d'Avuse, où il passait
les fêtes de Pâques avec la reine.

Tous les Hongrois voulurent jeter l'odieux de
ce crime sur Jeanne, qui cependant, assurent
beaucoup d'historiens, n'était pas coupable ; la

noblesse napolitaine seule avait organisé ce complot et l'avait conduit à son dénouement dans le plus profond silence. Toute la ville fut dans l'étonnement et la terreur ; la reine fit arrêter aussitôt plusieurs gentilhommes napolitains de la cour d'André qui après avoir été livrés à la question, eurent la tête tranchée.

Le Pape voulut aussi, de son côté, prendre connaissance de cette affaire, et la reine ayant appris qu'elle était soupçonnée, mit son fils sous la protection de Louis de Hongrie, frère d'André, et parut à Avignon devant le Pape, où elle plaida elle-même sa cause en plein Consistoire. Justifiée par le Pontife romain, elle épousa en secondes noces, Louis de Tarente, son cousin. Cependant les affaires de Jeanne s'étaient compliquées d'une manière fâcheuse, pendant son absence : Louis de Hongrie était entré en vainqueur à Naples, avait répandu beaucoup de sang, et emmené le jeune Carobert en Hongrie. Jeanne fière de son innocence, rentra en triomphe à Naples, avec son nouvel époux Louis de Tarente. Elle s'occupa ensuite d'une guerre contre le roi de Hongrie, et institua l'ordre du nœud, en l'honneur du prince Louis de Tarente, qui avait toutes ses affections.

Le royaume de Naples eut alors quelques années de bonheur. Louis régna dix ans avec Jeanne ; c'était un prince doux et modéré ; il eut cependant à la fin de sa vie, de violents démêlés avec le pape

Innocent VI, parce qu'il n'avait pu payer ses re-
devances au Saint-Siége, et il fut excommunié.

Jeanne eut une douleur affreuse de la mort de
ce prince. Elle se remaria pourtant en troisièmes
noces, par politique, avec Jacques d'Aragon. Elle
n'eut pour ce nouveau mari ni estime, ni amour,
et le perdit trois ans après son union.

Le jeune Carobert étant mort au berceau en
Hongrie, et Jeanne arrivée à sa quarantième année, renonçant à l'espoir d'être mère, désigna
pour son successeur Charles de Duras, son neveu.
Mais ayant eu à se plaindre de lui, elle contracta
un quatrième mariage avec Othon, prince du Saint-
Empire ; quelques années plus tard, Jeanne ayant
eu le malheur d'offenser le pape Urbain, fut ex-
communiée et son royaume donné à Charles de
Duras, qui s'était déclaré l'appui du Saint-Siége.

La reine alors désigna pour son successeur,
Louis duc d'Anjou, fils du roi de France, Jean-le-
Bon, et sollicita son appui. Cette démarche souleva le peuple contre sa souveraine, dont il désirait
la réconciliation avec le Saint-Siége, et qui préférait Charles à un prince français. Jeanne se retira alors dans un château, avec plusieurs dames
de sa cour, dans les environs de Naples, et attendit
les événements.

Le prince Othon se prépara à combattre Charles de Duras, comptant sur des secours de la France.
Cependant Charles se présenta en maître devant

la malheureuse Jeanne, et la fit enfermer au château de Muro. Elle y fut étouffée par ordre du
nouveau roi, à la sollicitation du roi de Hongrie,
qui lui persuada de faire mourir la reine comme
il l'accusait d'avoir ordonné la mort de son frère
André. Telle fut la fin de la célèbre Jeanne de
Naples. Des auteurs ont exalté sa prudence, sa
justice, ses talents poétiques. D'autres l'accusent
de tous les crimes.

CHARLES III, DE DURAS

1382-1386

La mort de Jeanne et la captivité d'Othon, ins-
pirèrent l'effroi à tous ceux qui auraient eu envie
de se révolter contre Charles. Le duc d'Anjou,
ne tarda pas à faire valoir les droits qu'il avait à
la couronne de Naples, droits fondés par le testament de Jeanne qui le choisissait pour son héritier et son successeur.

Charles en présence d'une guerre inévitable,
chercha à obtenir le plus d'argent possible de ses
sujets. Vers la même époque, ayant manqué de
loyauté et de politique avec le Pape en faisant
enfermer le cardinal Grifony, il s'en fit un ennemi
puissant. Dès ce moment, Urbain V devint le protecteur du duc d'Anjou, et entreprit le voyage de
Naples dans son intérêt. L'entrevue de Charles et
d'Urbain fut froide et réservée. Le Pape décida
cependant le roi à accorder à son rival comme

accommodement la principauté de Capoue et à marier avantageusement deux de ses nièces avec des seigneurs napolitains. A partir de ce moment, Urbain changea de conduite et mécontent du duc d'Anjou, dont plusieurs officiers avaient commis des vols dans un couvent, il excommunia tous les Français.

La mort du duc d'Anjou, arrivée peu après, donna une trève de dix ans au royaume de Naples. Charles fit alors le voyage de Hongrie, pour tâcher de s'emparer de la couronne de ce royaume qui n'avait point d'héritier mâle. La jeune princesse Marie, sa nièce, sut se maintenir sur le trône, en épousant Sigismond, prince de l'Empire.

Charles eut cependant l'audace de se faire couronner, mais en revenant de la cathédrale et en rentrant dans son cabinet, il fut assassiné aux cris de : « *Vive Marie et le prince Sigismond son époux ; meure le tyran Charles.* » La reine Marguerite, épouse de Charles, qui avait pressenti sa mort, s'était opposée dans cette prévision, à son départ pour la Hongrie.

Charles eut du courage et de la valeur, mais aucune des vertus qui font les grands rois. Il ne laissa qu'un fils, Ladislas, qui lui succéda.

LADISLAS Ier

1386-1414

Le jeune duc d'Anjou reçut d'Urbain VI l'investiture du royaume de Naples. Il prit le nom de Louis II, et vint avec une armée considérable pour combattre son rival. La mort du Pape et l'élection de Boniface XI ayant changé la face des choses, Ladislas trouva un puissant secours dans le chef de l'Eglise, ennemi du parti angevin. Boniface fit épouser à Ladislas Constance de Clermont, dont la famille était puissante à Naples.

La reine douairière Marguerite, femme intrigante et jalouse, amena bientôt un divorce entre son fils et Constance, et la noblesse mécontente de l'injure faite à une femme innocente, se tourna contre son souverain.

Cependant, Louis d'Anjou maintenait toujours ses prétentions, et les deux rivaux en vinrent aux mains. Louis d'Anjou, vaincu et découragé, parla de retourner en Provence. Ce fut alors que Ladislas touché du sort de Constance, la maria avec André de Capoue, son favori. On raconte que Constance qui n'avait jamais voulu accepter le divorce dit dans la cathédrale de Saint-Janvier à André : « Tu es bien heureux, André de Capoue, tu auras « pour maîtresse la femme légitime de ton maî- « tre. » Le roi épousa peu après, sa cousine la princesse de Tarente. Sous le pontificat d'Innocent V, Ladislas plein de haine contre le Pape, marcha contre lui, prit Rome et se fit donner de fortes sommes par le peuple romain

Une bataille sanglante eut lieu peu après avec les Angevins, qui remportèrent de grands avantages.

Ladislas mourut en 1416 des suites de ses débauches. Il n'eut point d'enfant et laissa la couronne à sa sœur Jeanne. Ce prince sans honneur, sans foi et sans probité, n'eut que des talents guerriers : son royaume fut toujours en guerre sous son règne.

JEANNE II
1414-1435

Jeanne, veuve d'un duc d'Autriche, succéda à son frère. Elle se livra comme lui à toutes sortes de débauches; sa passion extravagante pour Alopo, son échanson, dont elle fit son chambellan en montant sur le trône, lui fit perdre l'estime de son peuple.

Jeanne épousa ensuite le comte de la Marche et lui donna le titre de roi. Peu après, Jacques de la Marche, irrité des intrigues de la reine avec Alopo le fit arrêter et mettre à la question ; il avoua ses criminelles relations avec la reine et eut la tête tranchée le lendemain, à la grande satisfaction du peuple napolitain. Après cette exécution, le roi voulant remédier aux galanteries de la reine, lui

donna pour argus un officier français qui ne lui
permettait de parler à personne. Le peuple approuva
d'abord la sévérité de Jacques, puis, ne lui voyant
prodiguer ses faveurs qu'aux Français, il se mit du
parti de la reine. Un jour en allant à l'église,
Jeanne dont la beauté était remarquable, parut le
visage inondé de larmes, et toucha tellement la
jeune noblesse napolitaine, qu'elle jura de défendre
la reine et de la venger.

On commença par faire enlever Jeanne et on
obtint du roi de la traiter avec les égards dus à
son rang. Un nouvel amant de la reine, Sargini,
organisa peu après un complot contre la vie du
roi, dans l'espérance de lui succéder. Mais averti
à temps, Jacques se sauva en France, et s'y enferma dans un couvent à Paris, ne regrettant pas
la cour infâme qu'il venait de quitter. Jeanne
charmé du départ de son mari ne garda plus de
mesure avec Sargini ; elle le fit couronner solennellement sans toutefois vouloir lui donner le
titre d'époux, ni de roi.

Cependant Louis III d'Anjou, fils de Louis II,
vint menacer Naples d'une invasion ; la reine dé-
solée se mit sous la protection du roi d'Aragon, et
après une assez longue guerre, Louis se retira
dans son duché de Calabre, et épousa Marguerite,
fille d'Amédée VIII, duc de Savoie, qui devint
bientôt pape sous le nom de Félix V.

Un jour que la reine adressait quelques reproches à son favori, elle reçut de lui l'affront d'un soufflet, et depuis lors conçut pour lui la haine la plus violente. Irritée au dernier point, elle le fit arrêter, et comme il se défendait avec son épée, les gardes le tuèrent à coups de hache.

Jeanne donna alors quelques làrmes à sa victime et voulut assister à ses funérailles.

La reine n'ayant pas d'enfant avait adopté Alphonse d'Aragon qui devait lui succéder ; mais ses manières hautaines lui déplurent, et elle désigna à sa place pour lui succéder, Louis III d'Anjou, dont les vertus étaient connues. Malheureusement la mort de ce jeune prince vint anéantir les espérances que faisait naître le testament de la reine. Celle-ci désigna alors René, fils de Louis, pour son successeur. René comme comte de Provence, habitait la ville d'Aix.

La reine mourut peu après ; sa mort mit fin au règne de la première branche d'Anjou, dont elle descendait par les femmes. Jeanne ne laissa aucun regret ; elle avait le plus funeste penchant aux vices, un amour déréglé des plaisirs et un grand éloignement des affaires. Elle ne fut célèbre que par sa beauté.

RENÉ, DUC D'ANJOU

1435-1445

A la mort de Jeanne, il s'éleva trois compétiteurs au trône de Naples : Alphonse d'Aragon, René d'Anjou et le Pape.

En arrivant à Naples, René fut reçu comme un ange tutélaire. Mais hélas ! la fortune ne lui accorda que quelques courts instants de bonheur.

Alphonse se rendit maître de Naples et gagna à sa cause les Napolitains en versant l'or à pleines mains. René trop heureux d'échapper au nouveau maître, vainqueur de ses états, se sauva sur un vaisseau génois et se rendit à Rome où le Pape lui fit les plus belles promesses (1442) ; mais René, las de faire la guerre et peu ambitieux, se retira dans ses possessions en France, où il vécut en sage et en savant, se consolant avec les lettres et les arts des revers de la fortune.

Il laissa par testament à sa mort arrivée en 1480, son duché d'Anjou à son cousin Louis XI, roi de France. Telle fut la fin de la seconde branche d'Anjou.

HISTOIRE DE SICILE

NOMS

DES ROIS ET DES REINES DE SICILE

1282. Pierre Ier (III comme roi d'Aragon). — Constance fille de Mainfroi.

1285. Jacques Ier. — Blanche de Naples.

1296. Frédéric Ier. — Eléonore de Naples.

1337. Pierre II. — Elisabeth de Bohême.

1342. Louis. — Charlotte d'Aragon.

1355. Frédéric II. — Blanche de Savoie.

1377. Marie Ire. — Martin d'Aragon.

1402. Martin Ier. — Marie (précédente reine).

1410. Alphonse V d'Aragon (dit le Magnanime).— Eléonore de Castille.

1458. Ferdinand I. — Isabelle de Clermont.

1494. Alphonse II. — Louise de Tarente.

1495. Ferdinand II.

1496. Frédéric IV. — Elisabeth de Bavière.

Occupation espagnole

1505. Ferdinand V le catholique.

1516. Charles-Quint.

1554. Philippe II.

1598. Philippe III.

1621. Philippe IV.

1665. Charles II.
1700. Philippe V.

———

1713. Victor-Amédée de Savoie. — Anne d'Or-
　　　léans.
1718. Charles VI, empereur d'Allemagne.
1737. Charles VII de Bourbon. — Amélie de Saxe.
1759. Ferdinand IV ou Ier. — Caroline d'Autriche.

HISTOIRE DE SICILE

PIERRE D'ARAGON

1282-1285

Pierre, roi d'Aragon, héritier par sa femme Constance, fille de Mainfroi, de l'infortuné Conradin, devint maître de la Sicile après les Vêpres siciliennes. Il eut à combattre le roi de France, Philippe-le-Hardi, et remporta sur lui une entière victoire.

JACQUES Ier

1285-1299

Le successeur de Pierre fut son second fils, Jacques qui donna la liberté à Charles II d'Anjou, à la sollicitation du roi d'Angleterre. La paix conclue, Jacques épousa Blanche, sa fille, et lui rendit ses otages.

Plus tard, Yolande, fille de Jacques, épousa le prince de Calabre, fils de Robert.

FRÉDÉRIC Ier

1296-1337

Jacques céda en 1296 le royaume de Sicile à la maison d'Anjou. Mais son frère Frédéric qui gouvernait ce royaume en son nom, était très-aimé des Siciliens et fut proclamé roi par eux.

Il se mit à la tête des Gibelins de Gênes, contre l'empereur Henri et résista à la fois au Pape, aux Français et à l'Empereur.

PIERRE II

1337-1342

Pierre II succéda à son père. Jean XXII déclara à son avénement qu'il possédait d'une manière injuste un tróne qui appartenait à la maison d'Anjou, et l'excommunia aussitôt. Dans le même temps, deux frères, Damiens et Mathieu de La Palice dont le premier était chancelier et avait une autorité presque despotique, formèrent le projet de rendre odieux à Pierre son frère Jean. Ils le calomnièrent tellement, que le roi fit dépouiller son frère et lui fit défendre de jamais paraître devant lui. Alors l'archevêque de Palerme qui connaissait la duplicité des frères La Palice, conseilla à Jean de demander une entrevue au roi pour confondre ses calomniateurs. Jean suivit ce conseil et, aidé de la reine, il fit triompher son innocence. On fit alors le procès des frères La Palice et sans l'intercession de la reine en leur faveur, ils auraient porté leur tête sur un échafaud, mais on se contenta de les bannir.

Pierre eut trois fils et trois filles de son épouse Elisabeth de Bohême. Louis, son fils, lui succéda.

LOUIS
1342-1355

Trop jeune pour gouverner, Louis régna d'abord sous la tutelle du prince Jean, son oncle, qui devint l'allié de Jeanne de Naples, et fit prospérer le royaume de son neveu jusqu'à sa mort en 1348.

Sous Louis, Mathieu La Palice étant rentré en Sicile, souffla le feu de la guerre civile, mais convaincu de trahison il fut livré au peuple, qui le fit périr dans les supplices.

FRÉDÉRIC II
1355-1377

Louis mourut à l'âge de 17 ans, de la peste. Il laissa la couronne à son frère Frédéric II. Le seul fait important de ce règne fut la guerre contre Jeanne de Naples, guerre préjudiciable à la Sicile.

MARIE Ire
1377-1402

Frédéric ne laissa qu'une fille, Marie qui lui succéda. En 1391, elle épousa Martin d'Aragon. Ce mariage faillit avoir des suites funestes pour la Sicile. Clément V étant reconnu pape dans l'Aragon, Boniface X, qui l'était dans Rome, déclara Marie hérétique. Le roi et la reine protestèrent contre le Saint-Siége, firent faire leur procès aux gouverneurs que le Pape avait envoyés en

Sicile et restèrent paisibles possesseurs de leur royaume.

MARTIN II .

1402-1410

Marie mourut en 1402, laissant le trône à son époux.

Celui-ci en 1410 le céda à Ferdinand, roi d'Aragon, lequel le donna à son fils Alphonse qui succéda également à Jeanne reine de Naples, et fit, la même année, son entrée à Naples et à Palerme, après avoir vaincu René, dernier duc d'Anjou.

ALPHONSE Ier LE MAGNANIME

ROI DES DEUX-SICILES

1410-1458

Quoiqu'Alphonse ne dût sa couronne qu'à la force de ses armes, il voulut la tenir aussi du Saint-Siége. Félix V lui accorda l'investiture du royaume des Deux-Siciles, par une bulle qui confirmait l'adoption de la reine Jeanne. Alphonse voulant se montrer avec magnificence à ses nouveaux sujets, fit à Naples une superbe entrée, pareille à celle des vainqueurs romains.

Le royaume de Naples jouit d'une paix profonde, pendant le règne d'Alphonse. Un tremblement de terre terrible détruisit plusieurs villes en 1457. On raconte qu'au moment où le tremblement de terre commença à se faire sentir, Alphonse entendait la messe. Tout le monde sortit de l'église, excepté le roi et le prêtre qu'il retint jusqu'à la fin du sacrifice sans témoigner aucune crainte.

A une admirable valeur, Alphonse joignait la plus grande bonté ; il souhaitait de rendre tous les hommes heureux : on cite de lui des traits touchants d'humanité et de courage.

L'amour d'Alphonse pour les hommes de lettres, dans un siècle d'ignorance, rendit la gloire de son règne immortelle. Pour faire en peu de mots l'éloge de ce prince, nous dirons qu'il eut un génie vaste et un grand cœur. Il conçut une grande passion pour Laure Daliguo, dame de Naples. Il fit même un voyage à Rome afin d'obtenir du Saint-Père, son divorce avec Eléonore de Castille, sa femme, mais le Pape ne voulut jamais y consentir.

Alphonse mourut à 67 ans, laissant deux filles d'Eléonore, ce fut son fils naturel Ferdinand, fils de Laure, qu'il fit légitimer qui lui succéda.

FERDINAND Ier

1458-1494

Le testament d'Alphonse donnait les états d'Aragon et de Navarre à son frère Jean, et son royaume des Deux-Siciles à son fils naturel Ferdinand.

Le Pape refusa l'investiture de ces Etats au jeune prince, et le commencement de son règne fut orageux. Jean d'Anjou annonça de nouvelles prétentions, il fut soutenu par Calixte et Ferdinand eût perdu sa couronne sans la mort du Pape. Mais Pie II, qui succéda à Calixte, montra de tous autres sentiments, et prit parti pour le roi de Naples. Bientôt Jean d'Anjou parut en vue de la ville avec une flotte nombreuse, composée de vingt-deux galères et de quatre gros navires; c'en était fait de Naples, la terreur fut à son comble et la reine Isabelle de Clermont sortit de la ville déguisée en cordelier, lorsque le prince de Tarente arriva, avec un puissant secours. Ce prince et Jean d'Aragon obtinrent la paix. Le duc d'Anjou rentra dans ses Etats, et le roi de Naples fut délivré de ses ennemis.

De brillants mariages vinrent ensuite faire diversion aux horreurs de la guerre. Alphonse, fils aîné de Ferdinand, épousa Hippolyte d'Est, et ses filles Béatrix et Eléonore, l'une un roi de Hongrie, l'autre un duc de Milan. Le prince Alphonse se faisait détester par ses hauteurs et ses mœurs corrompues, aussi devint-il l'objet de la haine générale. Une conjuration se forma contre lui et contre son père, les conjurés proposèrent au prince Frédéric de lui donner la couronne. Il en était digne par ses vertus; mais le jeune prince refusa avec indignation.

La mort de Ferdinand arriva peu après, on le

reconnut indigne de son père, Alphonse-le-Grand;
il laissa la couronne à son fils Alphonse.

ALPHONSE II

1494

René d'Anjou avait laissé son duché d'Anjou
et de Provence à Louis XI, avec ses prétentions
sur le royaume de Naples. Le roi de France,
homme de cabinet, ne songea jamais à ses prétentions sur Naples, mais son fils Charles, plein
de grandeur d'âme et d'une ambition chevaleresque, résolut la conquête du beau royaume sur
lequel il avait des droits; il commença par en demander l'investiture à Alexandre VI qui venait
de la donner à Alphonse.

Charles de France marcha alors sur Rome,
menaça le Pape et celui-ci effrayé lui envoya les
clefs de Rome. Le roi de France y entra aux flambeaux et en triomphe. Charles s'avançait vers
Naples, lorsqu'un ambassadeur de Ferdinand-le-
Catholique l'arrêta pour le prier de ne pas aller
plus loin, parce que, disait-il, son maître réclamait aussi ses droits sur le royaume de Naples,
et s'avançait avec une armée considérable.

La frayeur fit alors prendre une mesure extraordinaire à Alphonse : il abdiqua en faveur de son
fils, et entra dans un couvent pour faire, disait-il,
pénitence. Cet acte de lâcheté acheva de flétrir ce

monarque, qui a laissé la mémoire d'un prince
sans foi et perdu de mœurs.

FERDINAND II

1495-1496

Ce prince, âgé de 19 ans, fit tous ses efforts
pour ressaisir le lambeau de royauté que lui laissait son père. Il essaya de se faire un parti, mais
il fut contraint de se retirer en Sicile avec sa mère
et sa femme.

Charles entra à Capoue le 22 février; le 2 mars
des députés vinrent lui offrir les clefs de la ville
de Naples. Cependant Frédéric, frère du roi, qui
tenait la mer avec ses galères vint à deux reprises
trouver Charles pour lui faire des propositions
d'accommodement, mais ces entrevues n'eurent
aucun succès, quoique le roi de France reçût toujours le prince napolitain avec de grands honneurs
dûs à son rang et à sa vertu.

Les Français, enivrés de leurs triomphes. ne
s'occupèrent bientôt que de fêtes et de plaisirs.

Le jeune roi ne prit aucun souci des affaires,
laissant toute l'administration à ses favoris. Le
Pape, l'Empereur, Ferdinand-le-Catholique, se
réunirent pour enlever sa couronne au malheureux Ferdinand. Charles rentra en France, laissant ses troupes à Naples où le duc de Montpen-
sier prit le titre de vice-roi. Il gagna en rentrant
la célèbre bataille de Fornoue, dans le Milanais.

Bientôt Gonsalve de Cordoue, le grand capitaine arriva à Naples, fit capituler l'armée française et s'empara de la ville au nom de leurs majestés Ferdinand et Isabelle. L'infortuné Ferdinand venant de mourir sans enfant, Frédéric, prince digne d'une meilleure fortune, reçut le titre de roi à Palerme.

FRÉDÉRIC II
1496-1504

Frédéric n'avait qu'un bien petit royaume : les Français commandaient encore à Capoue, les Espagnols avaient Naples, et Ferdinand-le-Catholique proposait à Louis XII, qui venait de succéder à Charles VIII, son cousin, de faire la guerre à frais communs, pour s'emparer de tout le royaume. Le roi de France s'intitula tout de suite roi de Naples, de Jérusalem et de la Sicile.

Le malheureux Frédéric ne savait à qui demander du secours. Il proposa à Louis XII de rendre le royaume de Naples son tributaire, à condition qu'il le laisserait régner. Louis n'écouta point cette proposition et agit de concert avec Ferdinand-le-Catholique. L'infortuné Frédéric comprit alors que la maison d'Alphonse-le-Magnanime avait fini de régner. Le Pape, irrité de ce qu'il lui avait refusé sa fille pour César de Borgia, son neveu, donna dè suite l'investiture de Naples et le titre de duc de Calabre à Louis XII.

Dès que le traité des rois de France et d'Espagne fut connu, l'infortuné Frédéric fut déclaré privé de tous ses biens et il se jeta alors entre les bras de Louis XII, qui lui donna le duché d'Anjou pendant sa vie et une pension de trente mille francs. Le malheureux prince se retira en France, où il mourut la même année (1504). De son mariage avec Elisabeth de Bavière, il n'eut que deux filles ; dont l'une lui survécut, elle avait épousé un prince napolitain.

OCCUPATION ESPAGNOLE

FERDINAND V, LE CATHOLIQUE
1405-1416

Les Français et les Espagnols se partagèrent alors le royaume de Naples, mais les deux puissances rivales ne purent rester longtemps unies. Louis XII, rentré en France, se vit bientôt dépossédé par Gonsalve de Cordoue, qui rangea tout le royaume sous l'obéissance de son maître. Louis XII alors négocia la paix. Le roi d'Espagne promit de payer à la France, dans l'espace de sept années, sept cent mille ducats. Tous les prisonniers furent mis en liberté, et le roi de France renonça à son titre de roi de Naples et de Jérusalem.

Ferdinand eut ensuite de longs démêlés avec son neveu et son gendre, Philibert-le-Beau, qui réclamait la moitié du royaume, comme héritier

par sa femme, Jeanne de Castille. Pour terminer
ces différends, Ferdinand lui abandonna des revenus considérables, et séjourna six mois de suite à
Naples, puis la mort de son gendre le rappela en
Espagne.

On sait que Philibert nomma Louis XII tuteur
de ses enfants, comme le plus honnête homme du
monde.

Le royaume des Deux-Siciles eut deux vice-
royautés, dont les siéges furent à Naples et à Palerme : Gonsalve de Cordoue fut nommé vice-roi
de Naples et Merceda de Palerme.

CHARLES-QUINT
1516-1554

Après la mort de Ferdinand, une violente émeute
eut lieu en Sicile, pendant les premières années
du règne de Charles-Quint. Les longues guerres
de Francois Ier et de l'Empereur compromirent
le royaume de Naples. Le roi de France en re-
vendiquait la moitié. Bientôt, prisonnier à Pavie, il renonça à toutes ses prétentions sur le
royaume de Naples; puis, rendu à la liberté, il fut
au moment d'obtenir la Sicile, par suite d'un complot qui fut découvert par le duc de Serda.

Ce fut à peu près à cette époque que les chevaliers de Rhodes, après la prise de cette ile par les
Turcs, obtinrent de l'Empereur celle de Malte, où
ils s'établirent sous la conduite de l'illustre grand-

maitre Villiers de L'Isle-Adam, à la seule condition que chaque année au jour de Pàques, le grand-
maître ferait hommage d'un faucon au vice-roi de
Palerme. Pierre de Tolède, en 1535, eut l'honneur
de rétablir un tel ordre dans Naples qu'on y frappa
une médaille en souvenir de ses vertus.

En 1551, les Turcs firent une entreprise contre
la Sicile ; ils furent repoussés vaillamment par les
chevaliers de Malte, qui devinrent comme les
gardiens de la Méditerranée.

En 1554, l'Empereur abdiqua les couronnes de
Naples et de Sicile en faveur de Philippe II ; puis
dégoûté des grandeurs humaines et fatigué du
poids de l'empire, il lui remit aussi celle d'Espagne
en 1556, tandis qu'il cédait l'empire à son frère,
Ferdinand, et se retira au couvent de Saint-Just en
Estramadure.

PHILIPPE II

1554 1598

La vice-royauté du duc d'Ossonne, sous Philippe II, à Naples, fut célèbre par la prise du trop
illustre brigand Suaro, qui prenait le titre de roi
de la Campagne et commettait des crimes affreux.
Ce misérable fut roué sur la place du marché neuf,
à Naples, avec plusieurs de ses complices.

PHILIPPE III

1598-1621

Philippe II mourut en 1598 et son fils gouverna

comme lui, par des vices-rois dont les plus célè-
bres furent les ducs de Lesmos et de Castros.

PHILIPPE IV

1621-1665

Sous Philippe IV, Naples fut le théâtre de funestes événements. Le Saint-Siége prétendit avoir
des droits de juridiction sur ce royaume, ce qui
amena des émeutes; mais Emmanuel de Guzman
soutint avec fermeté les avantages de la couronne.

Durant son règne malheureux, Philippe IV tira
tant d'argent et de troupes de la Sicile, que le
peuple en arriva à un tel état de gène et d'épuise-
ment, qu'il fut forcé d'implorer la clémence de
son souverain. Un certain Aniella se mit à la tête
des mécontents. Philippe envoya aux rebelles son
fils naturel, Don Juan, pour les faire rentrer dans
le devoir, ce qui porta l'exaspération à son comble, les maisons des gentilshommes furent pillées,
les églises dévastées. Cependant le peuple fatigué
de désordres, se soumit à Don Juan qui devint
vice-roi de Naples.

CHARLES II

1665-1700

Rien de remarquable ne se passa en Sicile sous
le règne de Charles II.

On connaît toutes les intrigues qui se formèrent
alors en Europe au sujet de la succession de ce

prince qui n'avait point d'enfant et s'affaiblissait tous les jours. Le dénouement arriva enfin en 1700, et le testament du dernier roi d'Espagne de la maison d'Autriche fit connaître que son successeur serait Philippe de Bourbon, duc d'Anjou, petit-fils de Louis XIV.

PHILIPPE V DE BOURBON
DUC D'ANJOU
1700-1713

Le jeune roi fut reçu avec acclamation dans ses trois royaumes, et fit sentir partout l'heureuse influence de son autorité paternelle, jusqu'au moment où la malheureuse guerre de la succession vint troubler tous les esprits et détruire les bienfaits de la paix.

La maison d'Autriche avait de chauds partisans à Naples, et une conjuration se prépara en faveur de l'archiduc Charles.

Pendant que les Napolitains cherchaient à se donner à la maison d'Autriche, Philippe épousa Louise-Gabrielle de Savoie, fille de Victor-Amédée II. Ce mariage fortifia son parti et la conjuration échoua par la sagesse du vice-roi, Antoine de la Serda. Bientôt de nouveaux malheurs accablèrent le roi d'Espagne, les armées impériales triomphaient en Italie. Le prince Eugène de Carignan était maître du Milanais. Victor-Amédée soutint les impériaux et oublia son gendre dont la position fut des plus fâcheuses jusqu'à l'arrivée du duc de Villars en Espagne et à ses brillantes victoires.

L'objet de la guerre qui désolait l'Europe, depuis 1702, était d'y maintenir l'équilibre des puissances, en empêchant que la France, ou l'Allemagne ne joignissent à leurs Etats les royaumes de la succession de Charles II. L'archiduc Charles étant devenu empereur par la mort de son frère, cet événement changea la face des choses.

VICTOR-AMÉDÉE
1713-1718

Dans la paix d'Utrech, Philippe V fut reconnu roi d'Espagne et des Indes ; l'Empereur eut les Pays-Bas, la Sardaigne et Naples, et la reine d'Angleterre fit donner la Sicile à Victor-Amédée qui y établit vice-roi le marquis de Maffeï.

Le règne du duc de Savoie en Sicile ne fut pas long. En 1718, un second traité eut lieu, entre l'empereur, la France et l'Angleterre, par lequel il fut convenu qu'on ôterait la Sicile à Victor-Amédée pour lui donner la Sardaigne.

CHARLES VI, EMPEREUR D'ALLEMAGNE
1718

Depuis 1718, les royaumes de Naples et de Sicile, se trouvèrent sous un même souverain Charles VI.

La France ayant déclaré la guerre à l'Empereur, à l'occasion des affaires de Pologne, le roi d'Espagne épousant les idées de sa majesté très-chrétienne, fit passer ses troupes en Italie. L'infant Don Carlos duc de Parme, second fils de Philippe V, marcha sur la fin de février 1781 à la conquête du royaume de Naples. Il débarqua le 4 mars, à Gaëte, le 11 il arriva à Naples, et annonça par un décret que, généralissime des troupes de son père, en Italie, il faisait connaître aux peuples de Naples et de Sicile, l'estime que sa Majesté catholique conservait pour eux, qu'un pardon général serait accordé à tous ceux qui lui avait fait défection, qu'il voyait avec douleur, combien le peuple était opprimé par le gouvernement autrichien, et qu'il voulait travailler à sa délivrance. Tandis que tous les cœurs se portaient vers Charles de Bourbon, le vice-roi de Sicile achevait d'aigrir les esprits, en exigeant un subside de 13,000 ducats.

Ces menaces donnèrent lieu à un soulèvement, et les magistrats de Naples vinrent offrir les clefs de la ville à Don Carlos et prêter serment de fidélité au roi d'Epagne. Le 5 avril, un courrier de Madrid, apporta un diplôme par lequel Philippe V déclarait son second fils roi de Naples et de Sicile. Le nouveau souverain, fit alors le siége de Gaëte, défendue par les impériaux. La conquête de la Sicile fut plus difficile que celle de Naples. Le siége de Syracuse se fit dans les formes, et le marquis de Tanc fit une belle et longue résistance au nom de Charles VI.

CHARLES VII DE BOURBON DIT LE DÉSIRÉ
1718-1740

La double conquête de Don Carlos amena une époque de bonheur pour son peuple. Par un traité conclut à Vienne, Don Carlos fut reconnu roi des Deux Siciles, par droit de conquête, et reçut le nom de Charles VII, dit *le Désiré*. Le nouveau roi épousa en 1739 Amélie de Saxe et reçut du Pape l'investiture du royaume de Naples. Aux fêtes de Pâques, il fit présenter la haquenée au saint Père, et institua un nouvel ordre de chevalerie sous le nom de Saint-Janvier, patron du royaume.

Depuis deux siècles, le royaume de Naples était épuisé de luttes, de guerres. de révolutions ; tout changea de face sous le nouveau souverain, aussi juste que bon et pieux. Sa clémence pour tous les prisonniers de guerre fit bénir son nom même par les plus chauds partisans de la maison d'Autriche. Charles protégea les arts et les lettres ; il fit faire des fouilles considérables à Herculanum pour tirer des entrailles de la terre les chefs-d'œuvre de l'antiquité dont il forma de riches musées à Naples. Il s'occupa aussi avec succès à relever le commerce des Indes entièrement anéanti depuis les derniers troubles.

L'année 1742 fut tout à fait mémorable, par la naissance du duc de Calabre et par la fermeté avec laquelle Charles s'opposa à l'établissement de l'inquisition dans ses états.

Ce beau règne continua jusqu'en 1759. Ferdinand VI roi d'Espagne étant mort sans enfants, l'excellent roi de Naples fut appelé à lui succéder. Son départ fut un deuil pour le royaume; il laissa la couronne à son troisième fils Ferdinand, et partit avec Charles l'aîné, appelé à lui succéder à Madrid.

FERDINAND IV OU Ier

1759-1825

Ferdinand n'étant âgé que de 8 ans, gouverna d'abord sous la tutelle de Tanucci.

Naples jouit d'une paix profonde sous le digne fils de Charles-le-Désiré, jusqu'à la funeste époque de la révolution française. Ferdinand prit la part la plus vive aux malheurs de la maison de Bourbon, En 1799, Championnet fit la conquête du royaume de Naples en quinze jours. Ferdinand quitta sa capitale sans avoir tiré l'épée. On établit à Naples un gouvernement démocratique, sous le nom de République Parthénopéenne.

Ferdinand se retira en Sicile avec sa femme, Caroline d'Autriche et ses enfants, et y vécut tranquille jusqu'en 1806. A cette époque, une armée commandée par Masséna s'empara de tout le royaume. L'empereur français mit la couronne de Naples sur la tête de son frère Joseph ; et lorsque celui-ci passa sur le trône d'Espagne, ce fut Murat beau-frère de Napoléon qui lui succéda à Naples.

Ferdinand, abandonné de tous ses alliés, fut obligé de quitter une seconde fois sa capitale et de retirer à Palerme. Les Calabres redevinrent un foyer d'insurrection nationale, que les Anglais eurent soin d'entretenir, et le pouvoir de Joseph ne parvint pas à triompher de cette résistance opiniâtre.

Cependant des débats s'élevèrent bientôt en Sicile, entre l'épouse de Ferdinand, la reine Caroline, qui par malheur avait accaparé toute l'autorité, et les Anglais. Ceux-ci voulaient agir en maîtres et la reine Caroline n'entendait pas leur céder la place. Le ministre Acton, qui avait trompé le roi toute sa vie, leva le masque et se déclara pour les Anglais. Ferdinand, fatigué de toutes ces discussions prétexta le mauvais état de sa santé, et remit à son fils François le souverain pouvoir. Cette concession ne satisfit pas les Anglais, qui exigèrent l'éloignement de la reine. Le faible monarque qui ne savait résister à personne, consentit à cette séparation et Caroline quitta la Sicile, à la fin de 1811.

Les revers de Bonaparte, en 1814, firent concevoir à Ferdinand l'espoir de reconquérir l'autorité royale à Naples, où régnait toujours Murat. Celui-ci fut enfin détrôné en 1815, et Ferdinand rentra dans ses états après dix ans d'absence.

Ferdinand avait marié sa fille, Marie-Amélie, avec le duc d'Orléans, de puis Louis-Philippe; il resserra encore les liens qui l'unissaient aux Bourbons de France, par le mariage de sa petite-fille, Marie-Caroline, avec le duc de Berry, neveu du roi de France Louis XVIII. Ferdinand mourut en 1825, à l'âge de 77 ans.

Ce prince était doux, affable, bienfaisant, zélé pour le bien de son peuple dont il eût fait le bonheur sans une grande faiblesse de caractère. On lui doit plusieurs établissements utiles. Il laissa sa couronne à son fils, François Ier, père de Marie-Caroline.

HISTOIRE DE PORTUGAL

NOMS

DES ROIS ET DES REINES DE PORTUGAL

1095. Henri de Bourgogne. — Thérèse de Castille.
1112. Alphonse Ier. — Sanchia de Léon.
1185. Sanche Ier. — Ulrique de Barcelone.
1211. Alphonse II. — Brigitte de Léon.
1223. Sanche II. — Mathilde de Bourgogne.
1248. Alphonse III. — Christine et Brigitte de Castille.
1279. Denis. — Elisabeth d'Aragon,
1325. Alphonse IV. — Béatrix de Castille.
1357. Pierre-le-Cruel. — Marie de Portugal. Constance de Villena.
1367. Ferdinand Ier. — Eléonore d'Aragon. Eléonore de Ménèse.
1383. Interrègne.
1385. Jean Ier. — Béatrix de Portugal. Philippine d'Angleterre.
1433. Edouard Ier. — Marie de Badajoz.
1438. Alphonse V. — Isabelle de Bragance.
1481. Jean II. — Jeanne de Vizeu.
1495. Emmanuel. — Isabelle et Marie d'Espagne.
1521. Jean III. — Catherine d'Autriche.
1557. Sébastien.

1578. Henri Cardinal.
1580. Antoine de Crato.

Domination espagnole.

1580. Philippe II.
1598. Philippe III.
1621. Philippe IV.

Fin de la domination espagnole.

1640. Jean IV de Bragance. — Eléonore de Guzman
1656. Alphonse VI. — Béatrix de Silveira.
1667. Pierre II.
1706. Jean V. — Anne d'Autriche. Sophie de Saxe.
1750. Joseph-Emmanuel. — Françoise de Toscane.
1777. Marie-Françoise Ire. — Pierre III.
1816. Jean VI. — Marie de Bourbon d'Espagne.
1826. Pierre IV. — Léopoldine de Saxe. Amélie de Leuchtenberg.
1827. Dona Maria II. — Le prince Léopold.
1855. Pierre V.

HISTOIRE DE PORTUGAL

HENRI DE BOURGOGNE
1095-1112

Le royaume de Portugal, qui faisait partie de l'ancienne Lusithanie, fut d'abord soùmis aux Carthaginois et aux Romains.

Sur la fin du ve siècle, les Maures s'en emparèrent et le possédèrent jusqu'au xe, époque où les chrétiens s'unirent pour leur faire la guerre. Henri de Bourgogne s'empara de tout ce pays dont le roi de Castille lui fit la cession en lui accordant le titre de comte souverain et la main de fille Thérèse.

Henri prit part à une croisade en Palestine et mourut à son retour dans une nouvelle guerre qu'il fit aux Maures.

ALPHONSE Ier
1112-1185

Son fils Alphonse lui succéda sous la tutelle de sa mère. En 1139, ce prince qui portait toujours le simple titre de comte, ayant vaincu cinq rois maures à la bataille d'Ourique, fut proclamé roi par ses troupes et leur fit adopter la loi qui excluait les étrangers de la couronne, mais non pas les enfants naturels des rois. Alphonse essaya vainement d'agrandir son royaume au préjudice de celui de Léon.

SANCHE Ier

1185-1211

Sanche, fils d'Alphonse Ier, lui succéda et épousa Ulrique de Barcelone. Comme tous les rois de Portugal, il fut en guerre avec les Maures dont il fut vainqueur en 1188.

ALPHONSE II

1211-1223

Alphonse II, dit le Gros, monta sur le trône en 1211. Ce prince combattit et vainquit à plusieurs reprises les Maures d'Espagne, notamment à Alcaçar-do-Sal. Un certain nombre de lois furent promulguées durant ce règne.

SANCHE II

1223-1248

Sanche II succéda à son père en 1223; il profita de la paix intérieure qu'il s'était procurée pour parcourir ses Etats et octroyer des constitutions municipales à plusieurs communes.

ALPHONSE III

1248-1279

Alphonse III succéda à son frère, Sanche II. Il

eut comme lui, une époque de gloire, et une autre
de troubles qui lui furent suscités par le clergé.

Plus habile et plus politique que son prédéces-
seur, Alphonse sut maîtriser les événements. Peu
après avoir fait la conquête du petit royaume des
Algarves, il eut de longues contestations avec la
Castille, à l'occasion de son mariage avec Brigitte,
fille naturelle du roi. Comme la première femme
d'Alphonse vivait encore, et que le divorce n'avait
pas été prononcé, le Pape excommunia le roi et
sa jeune femme. Le roi de Castille, redemanda
alors sa fille, qu'Alphonse ne voulut pas céder;
mais sur ces entrefaites, Mathilde la première
épouse d'Alphonse étant morte dans un couvent,
le mariage de celui-ci avec Brigitte fut reconnu, et
toute discussion cessa. Alphonse ne s'occupa plus
qu'à rendre ses peuples heureux.

DENIS LE LABOUREUR
1279-1325

Denis, fils d'Alphonse et de Brigitte, monta sur
le trône à l'âge de 19 ans. Il avait reçu l'éducation
la plus soignée et son règne ne fut troublé que par
les prétentions de son frère Alphonse, qui attaqua
sa légitimité, parce qu'il était né avant la mort de
la reine Mathilde. La querelle se termina par l'intercession de sainte Elisabeth de Portugal, femme
de Denis.

Sous ce règne, des mines d'or furent découvertes

près de Coïmbre, et le fameux Ordre des Templiers supprimé dans toute l'Europe, ne trouva un refuge qu'en Portugal où il prit le nom d'Ordre du Christ. Denis s'occupa beaucoup d'agriculture, et reçut le nom de Labrador, qui veut dire laboureur et celui de père de la patrie.

ALPHONSE IV

1325-1357

Alphonse IV abreuva de tristesse la vieillesse de son père, le vénérable Denis; il fut également mauvais frère et père dénaturé. Sur un léger prétexte, il exila Don Sanche, en confisquant ses biens. Afin de se maintenir en paix avec la Castille, il travailla, secondé par son épouse Béatrix, à faire une double alliance avec ce royaume et sa maison. Marie, sa fille, fut mariée avec Alphonse II de Castille, et l'infant Pierre épousa Blanche, sœur d'Alphonse II.

Ce dernier mariage fut très-malheureux; bientôt on parla de divorce, et la malheureuse Blanche fut conduite dans un couvent. Pierre épousa alors Constance de Villena, fille d'un riche seigneur de Valladolid. Le roi de Castille voulant venger sa fille, entreprit une longue guerre contre le Portugal, à la suite de laquelle les deux rois marchèrent contre les Maures de Grenade, sur lesquels, ils remportèrent de grandes victoires.

Le grand évènement de ce règne, fut l'acte odieux de la mort d'Inès de Castros, jeune fille d'une grande beauté, venue à la suite de la reine Constance. Pierre ne put voir Inès sans éprouver pour elle une grande affection, et après la mort de la reine, on assure qu'il l'épousa secrètement. Cependant les seigneurs de la cour devinrent jaloux des frères d'Inès, qui seuls avaient les faveurs de Don Pedro. Après bien des intrigues, les ennemis de la famille de Castros, finirent par obtenir du roi, l'autorisation de sacrifier l'innocente Inès. Trois misérables : Alvarès, Gonsalès et Pierre Cohelo se rendirent à Coïmbre dans le couvent des Saintes Claires, où ils percèrent de leurs poignards la malheureuse Inès de Castros, en présence de ses trois jeunes enfants. Lorsque Don Pédro de retour ne trouva qu'un cadavre au lieu d'une femme adorée, il jura que sa vengeance épouvanterait l'univers. Alphonse IV mourut deux ans après ce crime inutile, se repentant d'avoir souillé sa jeunesse par sa révolte contre son père et ses cheveux blancs par le sang de l'innocente Inès.

PIERRE Ier, DIT LE CRUEL

1357-1367

Le Portugal jouissait d'une paix profonde, œuvre de la politique d'Alphonse, lorsque Don

Pedro monta sur le trône. Son premier soin fut
de faire périr les meurtriers d'Inès par les plus
affreux supplices. Voulant ensuite venger l'honneur
de la femme qu'il avait tant aimée, il la fit sortir
de son tombeau, et l'épousa publiquement dans la
cathédrale de Coïmbre. Il exigea même que tous
les grands du royaume vinssent baiser cette main
à demi dévoré par le temps.

Pierre-le-Cruel fut un grand roi malgré la flétrissante épithète que lui valut la mort terrible de
Gonsalès et de Cohelo auxquels on arracha le cœur
vivants, avant de les livrer aux flammes. Il fut
aussi nommé le haut justicier, parce qu'il se montra
d'une sévérité inflexible contre quiconque violait
les lois. Pierre était le plus libéral des hommes ;
il ne sortait jamais sans répandre d'abondantes
aumônes, et ce mot tant admiré de Titus était aussi
le sien : Le jour où un roi ne donne rien, il a
perdu sa journée. Lorsque Pierre-le-Cruel, roi de
Castille, tout couvert du sang de ses sujets, fut
renversé de son trône par Duguesclin et rem-
placé par son frère Henri de Transtamarre, il
se rendit en Portugal, mais Pierre lui refusa
toute protection et ne lui accorda d'autre asile
que celui des couvents. Pierre donna douze
années de bonheur au Portugal, et fidèle à la mémoire de la malheureuse Inès, mourut sans avoir
voulu se remarier.

FERDINAND Ier
1367-1383

Ferdinand Ier était fils de Pierre et de Constance.

Deux des enfants d'Inès moururent en bas âge.

La beauté de Ferdinand, sa belle taille et sa force physique semblaient annoncer un homme supérieur aux autres. Le plus grand plaisir du nouveau roi était la chasse. A beaucoup de zèle et d'intelligence il joignait beaucoup de présomption et d'orgueil. Il soutint deux guerres malheureuses contre la Castille et dut renoncer à ses prétentions sur quelques domaines de cette contrée.

Ferdinand s'aliéna le cœur de ses sujets en épousant Eléonore de Ménèse, jeune intrigante, indigne du rang qu'elle occupa. Il maria sa fille Béatrix, avec Henri, roi de Castille, et la déclara son héritière, mais Eléonore, sa femme, devait être régente pendant sa vie. La sagesse de son administration rendit à Ferdinand l'amour de ses sujets et il mourut regretté en 1383.

INTERRÈGNE
1383-1385

Le testament de Ferdinand souleva tout le Portugal. Les prélats et le peuple refusèrent de reconnaître Eléonore pour reine. Elle était méprisée et haïe par tous ses sujets. Le peuple nomma pour régent du royaume, après de grands troubles, l'infant Jean, grand maître d'avis, fils d'Inès de Castros. Le roi de Castille prépara alors une armée considérable que les historiens font monter à trente mille hommes. Une rencontre eut lieu entre les deux souverains et Jean remporta une victoire mémorable, due à l'habileté du général Poeria.

JEAN Ier, DIT LE GRAND
1385-1433

Cette victoire assura la couronne de Portugal au grand maître d'avis qui prit le nom de Jean Ier et épousa peu après Philippine de Lancaster, petite-fille d'Edouard III, roi d'Angleterre. Ce fut sous ce glorieux règne que les jeunes princes Pierre, Henri et Edouard firent la conquête de Cunta, conquête si rapide, si brillante, si utile aux Portugais.

Jean mourut à l'âge de 70 ans, regretté par les grands, par le peuple et par ses nombreux enfants. Jean possédait beaucoup de prudence et d'intrépidité. Il avait une parfaite égalité d'humeur, dans la bonne comme dans la mauvaise fortune. Plein de respect pour la religion, il avait une piété solide, il laissa huit enfants, tous dignes de lui ; son fils aîné lui succéda.

ÉDOUARD Ier
1433-1438

Edouard succéda à son père à l'âge de 42 ans ;

il épousa Béatrix de Pécira, fille du connétable. Le nouveau roi avait, avant de monter sur le trône, donné des preuves de sagesse et de valeur. Tout annonçait aux Portugais un règne long et prospère.

Malheureusement Edouard mourut après avoir donné seulement cinq ans de bonheur à son peuple. Des historiens lui donnent le nom de bon conseiller ; l'infant Pierre qui se trouvait à Coïmbre, accourut aux premiers cris de la maladie de son frère. Aussitôt après sa mort, il fit couronner roi son neveu Alphonse, qui n'avait que 6 ans. Lorsqu'on ouvrit le testament d'Edouard, on y trouva une disposition qui désola tout le peuple. Il donnait la régence à son épouse Béatrix, femme imprudente et capricieuse.

ALPHONSE V, DIT L'AFRICAIN
1438-1481

L'infant Pierre donna dans cette circonstance une grande preuve de fidélité ; au lieu de profiter des troubles et du mécontentement général pour se faire nommer régent, il assura la tutelle du jeune roi à sa belle-sœur, et la reine pour reconnaître la loyauté de l'infant Pierre, demanda sa fille Isabelle pour son fils.

Cependant plus tard, après une émeute populaire, Pierre garda seul pour lui la régence, et la reine se retira dans un couvent. Les Portugais découvrirent sous le règne d'Alphonse les îles Açores et les îles Canaries. Ils formèrent aussi de brillants établissements dans la Guinée.

La conduite indigne d'Alphonse envers son oncle et tuteur Pierre, qu'il tua dans un combat, est une tache pour son règne.

La chute de l'empire de Constantinople vint épouvanter toute l'Europe. Le Pape désolé fit un appel à tous les souverains. Alphonse y répondit aussitôt : il équipa même une escadre, mais ses préparatifs étant les seuls en Europe, devinrent inutiles. Alphonse eut ensuite de grands démêlés avec le royaume de Castille.

A l'âge de 50 ans, il prit l'habit de Saint-François et se retira dans un cloître, laissant la couronne à son fils Jean. Alphonse fut un prince faible mais vertueux; il aimait les arts et les lettres.

JEAN II, DIT LE PARFAIT

1481-1495

Jean ne fut pas plutôt monté sur le trône qu'il fit paraître un décret pour reprendre toutes les donations et concessions faites au clergé par le pieux Alphonse V. Il eut de grands démêlés avec le duc de Bragance qui s'était mis à la tête des mécontents. Le roi se persuada que le duc en voulait à sa vie, l'arrêta de sa propre main dans son cabinet et le fit charger de fers. Le procès fut poursuivi avec la plus grande rigueur; le duc nia le crime de trahison et l'on ne trouvait contre lui que des indices trompeurs, ce qui ne l'empêcha pas d'être condamné. Il périt sur un échafaud, et sur ce même échafaud, périt l'honneur de Jean II, car personne ne douta qu'une aveugle vengeance ne lui eût fait commettre un crime. Toute l'Europe regarda le roi comme un assassin, et les juges comme des hommes infâmes. Peu après le marquis de Moumor fut exécuté en effigie sur la place d'Evora qui avait déjà vu tomber la tête de son frère.

Le roi de plus en plus cruel et soupçonneux, tua de sa propre main, dans une discussion violente, son cousin, le duc de Viseu. Après ce meurtre, Jean fit appeler Emmanuel, jeune frère de sa victime, et lui dit qu'il n'avait tué son frère que pour lui assurer le trône, tout en punissant les projets d'un traître.

Ce fut à cette époque que parut en Portugal le fameux Christophe Colomb. Il vint exposer au roi ses projets de découverte, mais l'avare monarque le congédia sans vouloir l'entendre. Le mariage de l'infant Alphonse, fils unique de Jean et de Jeanne de Viseu, se célébra avec de grandes magnificences l'année suivante avec Isabelle, la seconde fille de Ferdinand et d'Isabelle; mais bientôt la douleur succéda aux fêtes, l'infant mourut d'une chute de cheval. Le roi se consola de ce fils, digne d'un meilleur père, en disant que les Portugais ne méritaient pas un si bon roi.

Le peuple qui adorait le jeune prince, le pleura amèrement, et regarda sa mort comme un juste châtiment du ciel, dû aux crimes de Jean. Le roi s'occupa ensuite du soin de se choisir un successeur. Il hésita longtemps entre son fils naturel Georges et son jeune parent Emmanuel de Viseu. La reine décida le roi en faveur de ce dernier, et assura au Portugal des jours de bonheur et de gloire.

EMMANUEL Ier, DIT LE GRAND
1495-1521

Au prince despote et barbare dont nous venons de tracer la vie, succéda un des plus beaux règnes du Portugal. Emmanuel monta sur le trône à l'âge de 26 ans. Il s'occupa aussitôt de faire fleurir la paix et la justice. On ne peut lui reprocher que sa conduite envers les Juifs, qu'il traita avec une grande rigueur. Il admit dans son palais le prince Georges qu'il reçut avec l'affection d'un frère et montra la plus grande générosité à l'égard de tous les ennemis de sa famille. Le jeune roi épousa à 28 ans Isabelle d'Espagne, veuve d'Alphonse fils de Jean. Cette princesse étant morte en couches, et deux jours après son fils Michel, Emmanuel se remaria en secondes noces avec Marie, la plus jeune sœur d'Isabelle. Cette princesse aussi distinguée par l'esprit que par les vertus, était digne d'être associée à ce règne de gloire.

Le célèbre Vasco de Gama découvrit à cette époque le cap de Bonne-Espérance et s'empara au nom de son maître de toute la pointe méridionale de l'Afrique. L'amiral Cabral découvrit aussi le Brésil le jour de Noël, et en prit possession au nom du roi de Portugal. Ce royaume arriva à cette époque à son plus haut degré de puissance. Sa capitale était brillante, on y voyait arriver tous les marchands du continent. Des ambassadeurs de tous les pays y représentaient leurs maîtres. Venise qui distribuait à toute l'Europe les marchandises et les produits de l'Orient, les recevait alors du Portugal.

Emmanuel comblé des faveurs de la fortune semblait destiné à remplir une longue carrière, lorsqu'il fut soudain attaqué d'un mal violent qui le conduisit au tombeau après quelques jours de souffrance. Cet excellent prince était rempli de grands talents, de sublimes vertus ; il sut reconnaître le mérite des grands hommes qui vécurent pendant son règne et noblement le récompenser.

JEAN III
1521-1557

Jean, fils d'Emmanuel, monta sur le trône à l'âge de 17 ans. Son cousin Charles-Quint lui fit demander Isabelle, sa sœur aînée, et lui offrit la sienne pour épouse ; ce double mariage eut lieu.

Le Portugal jouit pendant quelques années d'une paix profonde. Ses vaisseaux continuèrent à parcourir toutes les mers ; des navigateurs firent de grandes découvertes dans la mer du Japon et le Brésil, négligé jusqu'alors, reçut un vice-roi.

Thomas de Souza partit, et avec lui un grand nombre d'ouvriers de toute espèce, pour construire une ville, résidence future du gouverneur, de l'archevêque et des autorités. Cette ville reçut le nom de San-Salvador.

Mais tandis que la domination du Portugal s'étendait d'un côté, une guerre affreuse éclata dans les colonies de l'Inde : plusieurs villes importantes secouèrent le joug de la mère patrie.

Jean III eut la douleur de voir mourir ses trois enfants ; le dernier, l'infant Jean, qui avait épousé Jeanne, fille de Charles-Quint, finit aussi sa vie à la fleur de son âge. Peu de temps après, Philippe II demanda sa sœur pour être régente d'Espagne, au moment de son mariage avec Marie d'Angleterre.

De grandes calamités fondirent sur le Portugal pendant le règne de Jean III. Un tremblement de terre fit périr 30,000 personnes et un débordement du Tage acheva de ruiner cette contrée. Pourtant, grâce à une sage administration, Jean était parvenu à réparer tant de désastres, quand il mourut, alors que sa sagesse et sa prudence étaient encore bien nécessaires au Portugal.

Jean laissa le trône à son .petit-fils Sébastien, âgé de 2 ans seulement, qui lui succéda sous la tutelle de sa grand-mère Catherine, sœur de Charles-Quint.

SÉBASTIEN Ier
1557-1578

La régence de Catherine fut un temps de gloire pour le Portugal. La reine-mère se fit adorer de ses peuples ; son administration fut remplie de sagesse, de générosité et de prudence. Les Portugais ont conservé longtemps le souvenir de Catherine, et quoi qu'elle fût étrangère, son nom est resté en vénération parmi eux.

Le jeune roi devenu majeur prit en main les rênes du gouvernement. Ce fut à cette époque, que des forbans français ayant pillé l'île de Madère, le Portugal demanda justice à la cour de France, et que Catherine de Médecis offrit la main de sa fille Marguerite de Valois à Sébastien qui la refusa. Le règne du jeune roi n'a rien de remarquable ; on sait que Sébastien était plein de courage et de valeur, il fournit des sommes considérables à Jean de la Vilette, grand maître de Malte, pour repousser les Turcs.

Sébastien dont la foi était ardente, organisa ensuite une expédition contre les musulmans qui possédaient le nord de l'Afrique. Le 4 août 1578, il livra contre eux la bataille d'Alcaçar-Quivir dans laquelle il fut vaincu et probablement tué dans la mélée, car il ne reparut plus. Quelques auteurs ont affirmé qu'il n'avait pas perdu la vie dans ce combat, mais qu'il s'était retiré dans un monastère, d'autres ont ajouté foi au dire de plusieurs intrigants qui se parèrent de son nom.

Sébastien ne laissant point d'enfants, trois concurrents se disputèrent la couronne. Philippe II d'Espagne, le cardinal Henri, fils d'Emmanuel, et le prieur de Croto, son neveu.

HENRI (LE CARDINAL)
1578-1580

Les états assemblés au commencement de l'année 1578, pour choisir entre les divers prétendants donnèrent la préférence au cardinal Henri, grand oncle de Sébastien. Ce prince eut peu de fermeté et mourut en 1580 sans avoir désigné son successeur.

Les intrigues recommencèrent. Le duc de Bragance et le prieur de Croto entrèrent dans la lice avec le roi d'Espagne. Enfin après bien des négociations et des intrigues, le duc de Tolède, remporta une victoire décisive qui assura la couronne à Philippe II, roi d'Espagne.

DOMINATION ESPAGNOLE

PHILIPPE II
1580-1598

Philippe II se fit proclamer à Lisbonne où il vint prendre possession de la couronne que le duc de Tolède lui avait conquise; ses droits lui furent cependant disputés par deux imposteurs qui voulurent se faire passer pour l'infortuné Sébastien.

Le Portugal devenu province espagnole n'eut plus d'histoire particulière, jusqu'au moment où il secoua le joug. Ce moment ne pouvait arriver sous Philippe II, tyran soupçonneux et cruel, qui regardait comme coupables ceux dont il se méfiait et qui aurait écrasé de sa colère le Portugal révolté.

PHILIPPE III
1598-1621

Sous Philippe III, prince timide et indolent, plusieurs seigneurs portugais travaillèrent sourdement à détruire le pouvoir espagnol. Mais ils ne devaient pas atteindre leur but durant le règne de ce prince.

PHILIPPE IV
1621-1640

Philippe IV, âgé seulement de 16 ans, monta sur le trône en 1621. Il ne songea qu'à ses plai-

sirs et laissa la direction des affaires à un mi-
-nistre inhabile ; aussi l'occasion sembla-t-elle
favorable aux Portugais, pour recouvrir leur
indépendance. Le duc d'Olivarès avait mécontenté
par son administration les prélats, les nobles et
le peuple. Tous se réunirent dans un intérêt com-
mun et proclamèrent en Portugal pour leur souverain, Jean duc de Bragance, sous le nom de
Jean IV. Cette révolution eut lieu sans trouble,
sans effusion de sang. Il n'y avait en Portugal
qu'une seule pensée qui éclata par les marques
les moins équivoques de l'allégresse publique.
Ce qui fit dire à un Castillan : « Se peut-il qu'un
si beau royaume ne coûte qu'un feu de joie à
l'ennemi de mon maître. »

JEAN IV DE BRAGANCE
1640-1656

Jean duc de Bragance, était né en 1620. La nature ne lui avait pas donné un grand courage, et
sans sa femme Louise de Guzman, qui avait toute
l'intrépidité dont il manquait, il ne se serait jamais
mis à la tête de ceux qui le faisaient roi. Olivarès
cacha cet événement aussi longtemps qu'il put à
son maître. Après la bataille de Villa-Viciosa gagnée par les Portugais, le Ministre ne put cependant garder plus longtemps le silence, mais con-
servant toujours son caractère léger, il dit du ton
d'un homme qui prend en pitié celui dont il parle :

« Le duc de Bragance est fou : il s'est fait proclamer roi de Portugal. Cela rapportera douze millions de plus à votre majesté. » Philippe déjà pré-
venu contre son ministre, répondit séchement
qu'il fallait mettre fin à ces désordres, et peu de
jours après, le ministre fut disgracié, mais le Portugal ne fut pas reconquis.

Jean IV, mourut à Lisbonne de la gravelle.

Les secours de la France, contribuèrent puissamment à le maintenir sur le trône. Il laissa trois
enfants : Alphonse, Pierre et Catherine qui épousa
Charles II, roi d'Angleterre. Son fils, Alphonse,
lui succéda sous la régence de sa mère Louise de
Guzman.

ALPHONSE VI

1656-1667

Le nouveau souverain fut proclamé sous le
nom d'Alphonse VI. Il fit la guerre aux Espagnols
avec quelques succès. Ce fut, pour mieux dire, sa
mère qui, tenant d'une main ferme le sceptre de
son fils, sut garantir le Portugal de l'invasion
étrangère. Mais lorsqu'à sa majorité Alphonse prit
en main les rênes du gouvernement et ne fut plus
aidé des conseils de sa mère qui venait de mourir,
il ne fit preuve que de faiblesse, d'ineptie et
d'inconduite. C'est pourquoi, son frère l'infant
Don Pédro aidé de quelques intrigants, le fit déposer sans difficulté en 1667, et le relégua dans

l'île de Tercère, puis à Cintra où l'infortuné monarque mourut en 1683.

PIERRE II
1667-1706

On assure que la reine Marie-Françoise de Savoie aida elle-même, à renverser son époux du trône pour y faire monter son beau-frère, qu'elle épousa dans la suite. Toutefois l'infant Pierre n'osa prendre tant que son frère vécut, le titre de roi de Portugal; il se contenta de celui de régent. Ce ne fut qu'au bout de seize ans, que son frère étant mort, il se fit couronner solennellement avec sa femme.

Il garda encore le trône pendant 23 ans et mourut en 1706, après s'être fait pardonner ses premiers torts envers son frère et avoir fait de vains efforts pour rétablir dans l'Inde, la domination portugaise. Philippe II d'Espagne avait pris de trop bonnes mesures, pour qu'elle pût jamais s'y relever. Pierre II avait de grands talents politiques, une grande distinction dans les manières et un noble cœur. Il laissa deux enfants, Jean qui lui succéda et Béatrix qui mourut au moment d'épouser un archiduc d'Allemagne.

JEAN V
1705 1750

Jean V fut proclamé sans contestation après la

mort de son père, et durant son long règne de 44 ans, il s'occupa à faire fleurir dans son royaume, les lettres et les arts ; aussi lorsqu'il mourut en 1750, fut-il sincèrement regretté par ses sujets.

Pendant la guerre de la succession d'Espagne, Jean prit parti pour l'archiduc Charles contre Philippe V, et ses troupes partageant le sort des troupes anglo-allemandes furent tantôt victorieuses et tantôt battues. A partir du traité d'Utrecht, le Portugal ne fut plus troublé. Jean avait épousé en 1713, Sophie fille de l'électeur palatin, dont il eut plusieurs fils et plusieurs filles ; l'une d'elles, Barbe, épousa Frédéric VI, roi d'Espagne.

JOSEPH-EMMANUEL
1750-1777

Joseph-Emmanuel, fils de Jean V monta sur le trône à l'âge de 35 ans. Son règne fut rempli d'événements malheureux. Le tremblement de terre de Lisbonne en 1755, la conspiration d'Avéiro en 1758, l'expulsion des Jésuites et la confiscation de leurs biens furent autant de malheurs terribles pour l'Etat. Le ministère de Pombal y mit le comble et en fut en partie la cause. Pombal fut un audacieux scélérat qui cachait ses vices, sous le manteau de l'hypocrisie et qui commit des crimes affreux sous le vain prétexte de servir son maître. Cet homme perfide et dangereux, qui sut se maintenir à son poste, tant que Joseph vécut, entouré

d'ennemis acharnés, en horreur à la nation entière, fut toutefois l'auteur de plusieurs innovations utiles.

La guerre contre l'Espagne qui éclata en 1761,
fut suscitée par les Anglais, qui depuis la guerre
de la succession, avaient en Portugal une funeste
influence. Elle se termina en 1763 par un traité de
paix, qui ne fait honneur ni à Louis XV, ni au
ministère espagnole. Les deux cabinets de Versailles et de Madrid, parfaitement unis à cette
époque, avait resserré leurs biens par le fameux
pacte de famille.

Quant à la prétendue conspiration d'Avéiro, il
paraît qu'il s'agissait simplement de venger sur la
personne du roi Joseph, l'injure faite par ce prince
au marquis de Tavora, parent et ami du duc d'A-
véira. Un soir que le roi se rendait secrètement
chez la marquise de Tavora, on lui tira deux coups
de pistolet, qui le blessèrent légèrement à l'épaule.
Le marquis de Pombal accusa aussitôt d'Avéiro et
Tavora, qui sur des preuves légères, furent tous deux
condamnés à être rompus vifs et subirent l'exécution de cette injuste sentence. Plusieurs membres
de ces deux familles impliquées dans la prétendue
conspiration, périrent par divers supplices, et leurs
biens furent confisqués. Joseph-Emmanuel laissa
la réputation d'un prince sans autorité et sans
mœurs. De son mariage avec Françoise de Toscane, il ne laissa qu'une fille qui lui succéda.

MARIE-FRANÇOISE Ire

1777-1816

Marie-Françoise succéda à son père en 1777.

Son premier acte d'autorité fut d'exiler Pombal et de faire réhabiliter la mémoire des prétendus auteurs de la conspiration d'Avéiro. Cette princesse épousa l'infant Pierre, son oncle, qui prit le titre de roi et le garda jusqu'à 1786, époque de sa mort.

Quatre ans plus tard, Marie-Françoise fut frappée d'aliénation mentale. Son fils Jean fut déclaré régent et il gouverna le royaume en cette qualité, tant que sa mère vécut, (vingt-six ans encore). La Révolution française rendit les affaires de la régence assez compliquées. Jean qui voulait garder une sage neutralité, fut contraint de se déclarer pour Charles IV, roi d'Espagne, dont il avait épousé une des filles. Il envoya un corps de troupe à son beau-père pour défendre le passage des Pyrénées. Bonaparte le menaça alors et l'accusa de donner des secours aux flottes anglaises. Le Régent prit le parti de se sauver au Brésil, et la famille royale sortait des eaux du Tage, lorsque l'armée française entrait en Portugal. Le Régent, arrivé au Brésil, publia un manifeste dans lequel il déclarait qu'il était allié de l'Angleterre et qu'il annulait tous les traités faits avec Bonaparte.

L'empereur, de son côté, déclarait que la famille de Bragance avait cessé de régner en Europe.

Cependant, les Portugais défendirent leur indépendance, et fortement soutenus par les Anglais, ils obligèrent les Français à évacuer le Portugal. Une seconde invasion dirigée par Masséna eut lieu, et ne fut pas plus heureuse. Bientôt le général français abandonna le Portugal après avoir, il est vrai, remporté plusieurs victoires qui n'eurent pas de conséquences décisives.

La reine étant morte en 1816, Jean prit le titre de roi sous le nom de Jean V. Marie-Françoise eut des vertus et une grande énergie. On attribua son aliénation aux frayeurs terribles qui avaient troublé son enfance.

JEAN VI
1816-1826

Jean avait érigé le Brésil en royaume et lui avait donné les lois plus sages. Il s'était appliqué à y faire fleurir le commerce, et y avait appelé de tous les pays de l'Europe des artistes et des ouvriers auxquels il offrait des priviléges et des primes ; Jean protégea la littérature et les sciences et adoucit l'esclavage des nègres.

Ferdinand VII rendu à l'Espagne, épousa Léopoldine, fille de Jean. Les colonies espagnoles s'étant révoltées à cette époque, Jean fit établir un cordon de troupes sur la rive gauche de la

Plata, pour garantir ses Etats de la contagion. Mais les idées nouvelles franchirent ce cordon, et pénétrèrent au Brésil, où elles furent réprimées.

Cependant les Portugais sollicitaient le retour de la famille de Bragance en Europe. Jean se disposait à se rendre aux vœux de ses premiers sujets, lorsqu'il apprit que les Portugais avaient adopté la Constitution espagnole de 1812, avec quelques modifications.

Cette nouvelle mit au Brésil tous les esprits en fermentation ; et le roi fut obligé de donner aux Brésiliens, avant son départ, la Constitution que l'insurrection avait imposée à la métropole. De retour à Lisbonne, Jean ramena très-habilement les Portugais à l'ancien état de choses. Il obtint tout ce qu'il voulut du Portugal, mais il n'en fut pas ainsi du Brésil, qui bientôt se déclara état libre, se sépara de la métropole et voulut avoir un roi pour le gouverner. Les Brésiliens appelèrent l'infant Don Pédro, fils aîné de Jean.

Le roi de Portugal parvenu à un âge très-avancé, et dévoré de soucis, mourut en 1826 d'une attaque d'apoplexie. Ce prince aimait la justice, eut des mœurs pures et une piété sincère. Son caractère était naturellement timide, cherchant à éluder les difficultés plutôt que de les vaincre.

PIERRE IV, DIT DON PEDRO

1827

Pierre IV régnait au Brésil sous le nom de

Pierre Ier, lorsque la mort de son père vint l'appeler au trône de Portugal. Mais il abdiqua en faveur de sa fille aînée Marie, garda pour lui le
Brésil et nomma son frère Michel régent du Portugal pendant la minorité de sa nièce. Michel au
mépris de la foi jurée s'empara en 1828 du royaume
de sa pupille et se fit proclamer souverain. Nous
n'entendons pas nous ériger en juge de sa légitimité ; mais en acceptant, de son frère, le titre de
régent pendant la minorité de sa nièce, la reine
Marie, il protestait évidemment contre ses prétentions futures. Une révolution nouvelle arrivée au
Brésil força Pierre Ier d'abdiquer en faveur de son
fils, Pierre II. Il revint en Portugal et parvint à
reconquérir le trône pour sa fille. Don Michel fut
contraint de fuir et alla se fixer Rome. Pierre prenant alors le titre de régent rendit aux Portugais
la Constitution qu'il leur avait donnée en 1826.

Mais ce nouveau régime ne dura que jusqu'à
sa mort, arrivée en 1836.

MARIE II

1827-1855

La reine Marie fut forcée d'adhérer à la première Constitution de 1821, que la garde nationale
de Lisbonne venait de proclamer. Elle mourut à
l'âge de 39 ans ; laissant le trône à son fils.

La reine Marie eut un cœur grand et noble, des
vertus qui la firent chérir ; elle s'occupa avec soin

de l'éducation de ses deux fils ; elle avait épousé le prince Léopold d'Autriche.

PIERRE V

1855

Ce jeune prince, né en 1837, a succédé à sa mère en 1855. Il promet de justifier ce que son éducation peut faire attendre de lui.

HISTOIRE DE SAVOIE

NOMS

DES SOUVERAINS ET DES SOUVERAINES DE SAVOIE

1000. Bérold de Saxe.
1029. Humbert aux blanches aux mains. — Adélais d'Asti.
1048. Amédée Ier.
1060. Amédée II. — Jeanne de Genève.
1072. Humbert.
1103. Amédée III. — Mathilde d'Albon.
1148. Humbert III, dit le Saint. — Fédève de Toulouse ; Germaine de Zermaghin ; Béatrix d'Albon.
1188. Thomas Ier. — Marguerite de Faussigny.
1223. Amédée IV. — Anne d'Albon ; Cécile des Beaux.
1253. Boniface.
1263. Pierre Ier. — Agnès de Faussigny.
1268. Philippe Ier. — Alix de Bourgogne.
1285. Amédée V, dit le Grand. — Sibylle de Baugé ; Alix d'Albon ; Marie de Brabant.
1323. Edouard Ier. — Blanche de Bourgogne.
1329. Aimon. — Yolande de Monferrat.
1343. Amédée VI, dit Le comte Vert. — Bonne Bourbon.

1383. Amédée VII, dit le comte Rouge. — Bonne
de Berry.

1391. Amédée VIII, dit l'Hermite. — Marguerite
de Bourgogne.

1440. Louis Ier. — Anne de Chypre.

1465. Amédée IX, le Bienheureux. — Yolande de
France.

1472. Philibert Ier. — Blanche Sforza.

1482. Charles Ier. — Blanche de Monferrat.

1489. Charles-Jean-Amédée.

1496. Philippe II, comte de Bresse. — Marguerite
de Bourbon ; Claude de Bresse.

1497. Philibert II, le Beau. — Marguerite d'Autriche.

1504. Charles III, le Bon. — Béatrix de Portugal.

1553. Emmanuel-Philibert, dit le Père des soldats. — Marguerite de Valois.

1580. Charles-Emmanuel le Grand. — Catherine-
Michelle d'Autriche.

1630. Victor-Amédée Ier. — Christine de Bourbon.

1636. François-Hyacinthe.

1638. Charles-Emmanuel II. — Jeanne de Savoie
Nemours.

1675. Victor-Amédée II. — Anne-Marie d'Orléans.

1730. Charles-Emmanuel III. — Anne de Neubourg. Polixène d'Este.

1773. Victor-Amédée III. — Louise-Charlotte de
Naples.

1796. Charles-Emmanuel IV. — Clotilde de Bour-
       bon.
1802. Victor-Emmanuel Ier.
1821. Charles-Félix. — Christine de Naples.
1831. Charles-Albert. — Louise de Parme.
1848. Victor-Emmanuel II.—Adélaïde de Toscane.

HISTOIRE DE SAVOIE

Depuis Bérold de Saxe

BÉROLD DE SAXE
1000-1029

La maison de Savoie est la plus ancienne de celles qui se sont élevées sur les débris de l'empire. Son origine remonte à Bérold de Saxe, en 1000. Ce fut Othon III, son oncle, qui lui donna le comté de Savoie. Dans les vieilles chroniques de l'époque, on lit sur ce Bérold des faits extraordinaires : il poignarda de sa main l'impératrice sa tante pour la punir de ses infidélités conjugales, fit vœu ensuite d'aller en Terre-Sainte et à Saint-Jacques de Compostelle, mais tout d'abord s'empara du Bugey, chassa une troupe de brigands qui commettaient des crimes affreux au château de Culoz, et se fit reconnaître pour souverain de la Savoie.

HUMBERT AUX BLANCHES MAINS
1029-1048

Humbert aux blanches mains succéda à son père en 1029. Il rendit des services à plusieurs princes de son époque, à Rodolphe III, roi de

Bourgogne, à l'empereur Conrad-le-Salique et reçut en récompense diverses petites provinces qui agrandirent ses possessions. Humbert fonda plusieurs abbayes, entr'autres celle d'Hautecombe et se fit regarder par ses contemporains comme un modèle de justice et de piété.

AMÉDÉE Ier
1048-1060

Amédée Ier fils et successeur du précédent, reçut avec magnificence dans ses états l'empereur Henri III qui allait à Rome se faire sacrer par le Souverain Pontife.

AMÉDÉE II
1060 1072

Le successeur d'Amédée Ier fut son neveu Amédée II. Ce prince joignit au titre de comte de Savoie celui de marquis de Suze. En effet, Odon son père avait épousé Adélaïde, la seule héritière de ce marquisat.

Amédée II, fils d'Odon, eut la gloire de réconcilier l'empereur Henri IV avec le pape Grégoire VII.

HUMBERT II DIT LE RENFORCÉ
1072 1103

Son fils Humbert II, dit le Renforcé, accompagna Godefroy de Bouillon en Terre-Sainte. Hum-

.bert réunit à ses états, la Tarentaise qui se mit volontairement sous sa domination.

AMÉDÉE III
1103-1148

Son successeur Amédée III fut un grand princ recommandable par sa valeur, sa justice, la sagesse de son gouvernement ; il ne cessa de faire des vœux pour obtenir des enfants et fonda à cette intention plusieurs monastères.

Amédée s'engagea dans une guerre contre Guigue VI, comte d'Albon, à l'occasion d'une subite invasion, que celui-ci fit en Savoie. Il chassa de son siége Albert, évêque de Suze, prélat factieux, et celui d'Asti que ses injustices faisaient considérer comme un tyran. Puis Amédée se croisa avec Louis VII, roi de France, et prit part à la malheureuse croisade qui inonda la Palestine du sang des chrétiens. Il mourut de la peste, en 1148.

De son mariage avec Mathilde d'Albon, Amédée eut un fils et plusieurs filles dont une, Alix, fut la fondatrice de l'abbaye de Bons, en Bugey, et Agnès la seconde, abbesse de Saint-André à Vienne en Dauphiné.

HUMBERT III, DIT LE SAINT
1148-1188

Humbert III que ses vertus ont placé au nombre des Saints, comte de Savoie, de Piémont, seigneur d'Aoste, du Chablais et de Suze, fut encore plus illustre par ses rares vertus que par ses ta‑ lents. Il passait tous ses loisirs à l'abbaye d'Hau‑ tecombe, entraîné par son goût pour la contem‑ plation. Il en sortit pour repousser le sire d'Albon et remporta sur lui une grande victoire. Il prit Montmélian et Aoste dont l'armée ennemie s'était emparé.

Cependant, les hostilités entre l'empereur Fré‑ déric Barberousse et le pape Innocent III deve‑ naient de jour en jour plus violentes, et le chef de l'Empire faisait trembler tous les Guelfes par ses succès. Le saint comte Humbert III, ne croyant pas possible que la Pape pût se tromper, prit parti pour le Chef de l'Eglise, et Frédéric devint pour lui un ennemi redoutable. Les succès furent par‑ tagés durant la longue guerre qui se déclara entre l'Empire et la Savoie. D'un côté Humbert rem‑ porta de grandes victoires en Piémont où il s'em‑ para de Turin ; mais de l'autre, ses Etats furen ravagés et Suze pillée ; les archives de Savoie qui se trouvaient à Suze furent entièrement brûlées dans le sac de cette ville.

Humbert mourut le 4 mai 1188, à Hautecombe revêtu de l'habit de Citeaux, aimé de ses sujets. haï mais respecté de Frédéric.

THOMAS Ier

1188-1223

Thomas succéda à son père, le comte Humbert,

à 11 ans. Il prit part à la seconde croisade prêchée par Innocent IV, et dont le chef était Boniface de Montferrat. Le comte Thomas soutint par ses armes l'empereur Frédéric II contre le Pape. Il étendit sa domination sur le pays de Vaud, le Bugey et Valais, et laissa une grande réputation de sagesse et de prudence.

De son union avec Marguerite de Faussigny, Thomas eut quinze enfants : onze fils, dont trois furent comtes de Savoie, et un archevêque de Cantorbéry et quatre filles. Alix, la troisième, fut nommée abbesse du monastère royal de Saint-Pierre à Lyon et fut béatifiée.

C'est sous ce règne que Chambéry devint la capitale de la Savoie.

AMÉDÉE IV

1233-1253

Amédée IV succéda à son père. Il soumit le Valais révolté, et reçut de Frédéric II le titre de vicaire-général de l'empire. Amédée fit ensuite le voyage de Rome pour contenir l'humeur remuante des Guelfes et pour réconcilier l'Empereur avec Innocent IV. Il mourut à son retour à Chambéry à l'âge de 42 ans. Il avait épousé en secondes noces Cécile des Beaux, surnommée Passe rose, à cause de sa beauté.

BONIFACE
1253-1263

Boniface, fils d'Amédée, lui succéda à l'âge de 11 ans, sous la tutelle de son oncle Benoît. Le règne de Boniface fut court, mais glorieux.

Le pape Urbain IV ayant donné le royaume de Naples et de Sicile à Charles d'Anjou, au préjudice de Mainfroi, qui avait épousé Béatrix de Savoie, fille du comte Thomas, Boniface se mit à la tête de ses troupes et combattit les Francais avec des succès éclatants. Bientôt ceux-ci reprirent l'avantage, établirent à Naples Charles d'Anjou, et s'emparèrent de Turin, ville très-mal intentionnée pour la maison de Savoie. Boniface fut fait prisonnier, et mourut de chagrin de se voir captif de ses propres sujets. Ce prince était, dit-on, le plus beau chevalier de son temps.

PIERRE, DIT LE-PETIT-CHARLEMAGNE
1263-1268

Pierre, son oncle, qui lui succéda, se trouvait à la cour d'Angleterre où il était allé accompagner sa nièce, lorsqu'il apprit la mort de son neveu le comte de Savoie. Il s'empressa aussitôt de rentrer en Savoie. Il dût quitter avec regret la cour d'Henri III, car celui-ci en récompense de quelques services l'avait comblé d'honneur et de titres.

Son premier soin fut de punir la rébellion des

habitants de Turin. Il fit le siége de cette ville et ne tarda pas à s'en emparer. Les révoltés tremblaient d'être traités avec la plus grande rigueur, mais leur vainqueur se conduisit avec une héroïque générosité.

Pierre n'ayant eu qu'une fille, Béatrix, mariée à Guy, Dauphin du Viennois, comte d'Albon, son frère Philippe lui succéda.

PHILIPPE
1268-1285

Philippe était âgé de 51 ans lorsqu'il monta sur le trône. Il se distingua par sa fermeté et la sagesse de son gouvernement.

Avant de devenir comte de Savoie, il était archevêque de Lyon, mais il renonça à ses bénéfices et se maria avec Alix de Bourgogne, dont il n'eut point d'enfant. Il mourut à 68 ans, dans le château de Roussillon en Bugey.

AMÉDÉE V, DIT LE GRAND
1285-1323

Amédée V, fils de Thomas, comte de Bresse était le neveu de Philippe. Le pouvoir ne pouvait tomber en de meilleures mains. Son oncle l'avait auprès de lui depuis l'âge de 11 ans; il habitait tout enfant l'archevêché de Lyon, et se regardait comme l'héritier du prélat; aussi dût-il être déconcerté par son mariage, que les historiens ne peuvent expliquer.

Les premières années du règne d'Amédée furent troublées par le comte de Genève et par Humbert Dauphin. Ces deux princes ayant uni leurs forces, marchèrent contre le comte de Savoie; mais Amédée les repoussa tous deux, et reprit les châteaux de Seyssel et de Pierre-Châtel.

Amédée soutint ensuite son cousin Edouard, roi d'Angleterre, contre Philippe-le-Bel, roi de France. Cette guerre finit par un double mariage, Edouard épousa Marguerite, sœur du roi de France et Isabelle, sa fille, fut donnée à Edouard, prince de Galles.

Ce fut à cette époque que le pape Clément V et Philippe-le-Bel firent aux Templiers ce procès terrible qui se termina par la destruction entière de l'Ordre. Amédée soit faiblesse, soit aveugle déférence, crut de bonne foi les Templiers coupables de toutes les horreurs dont ils étaient accusés, et agit conformément aux volontés du roi de France.

Le comte Amédée alla assister au couronnement d'Edouard II à Westminster et à celui de son beau-père, Henri V, empereur d'Allemagne. Les historiens assurent que ses sages conseils eurent une heureuse influence à la cour d'Allemagne, et que le duc de Savoie était regardé alors en Eu-

rope comme le plus sage et le plus judicieux politique.

Amédée remporta ensuite de grandes victoires
sur les Turcs et assura la possession de l'ile de
Rhodes aux chevaliers de St-Jean de Jérusalem.
A son retour, il châtia les moines d'Ambronay, qui
après avoir massacré leur abbé, voulaient se donner
au Dauphin. Le comte Amédée allait se rendre
à Rome pour solliciter une croisade du pape
Jean XXII lorsqu'il mourut à Avignon à l'âge
de 79 ans, en 1323. Son corps fut porté à Haute-
Combe, où il fut inhumé au milieu des pleurs de
ses sujets. Amédée eut trois femmes, Sybille de
Baugé, Marie de Brabant et Alix d'Albon. Une
de ses filles, Béatrix, épousa l'empereur Henri
d'Autriche et Anne, la plus jeune, fut unie à un
Paléologue, empereur d'Orient.

EDOUARD Ier, DIT LE LIBÉRAL
1323-1329

A la mort d'Amédée V, la Savoie et le Piémont
formaient l'une des souverainetés les plus considérables de l'Italie. Edouard fut un prince guerrier, entreprenant, plein d'excellentes qualités,
mais cependant moins sage que son père. Il demanda en mariage, peu après son élection, Blanche
de Bourgogne, puis il remporta une victoire éclatante sur le comte de Genève, mais fut vaincu en
1325 par le dauphin de Viennois.

19

Edouard étant allé à Paris voir le roi Philippe V, y mourut après s'être réconcilié avec le Dauphin par les soins de Clémence veuve de Louis X.

Ce comte s'est fait connaître par son amour pour la justice. Le roi de France lui confia la décision du procès de Pierre de Montigny, dont il ordonna la mort. Edouard aimait passionnément les armes. Il fut d'une prodigalité extrême, ce qui le fit surnommer le libéral.

AYMON Ier, DIT LE PACIFIQUE
1329-1343

Aymon fut destiné à l'Eglise dès son berceau ; il était chanoine de Lyon, et le pape Boniface V voulait lui donner l'archevêché d'Yorck en Angleterre, lorsque le jeune prince qui n'avait aucun goût pour l'état ecclésiastique refusa les ordres et peu après devint comte de Savoie, par la mort de son frère. De nouvelles querelles s'élevèrent entre le Dauphiné et la Savoie.

Aymon attira dans son parti le comte de Vaud, le comte de Genève et Hugues seigneur de Gex. Il prit par escalade le château de Menthon. Enfin, au siége du fort de la Perrière, le dauphin Guigues fut tué d'un coup d'arbalète, et laissa son duché à son frère Humbert, qui fut le dernier des Dauphins du Viennois.

Aymon mourut au château de Montméliant en 1359. Il eut toute sa vie un cœur de père pour

ses sujets. Son fils Amédée lui succéda. Sa fille
Bonne épousa Galéas Visconti, seigneur de Milan.

AMÉDÉE VI, DIT LE COMTE-VERT
1359

Amédée réunit en lui les vertus et les grandes
qualités qui avaient caractérisé ses prédécesseurs.
Quelques auteurs assurent qu'Amédée assista à
la bataille de Crécy. Peu après, il épousa Bonne
de Bourbon. Ce fut dans les tournois qui se célé-
brèrent à l'occasion de ce mariage qu'Amédée reçut
le nom de Comte-Vert, à cause de la couleur de son
armure. Luchin Visconti, oncle dénaturé des fils de
son frère, s'était emparé de leur héritage et les retenait prisonniers, lorsque le Comte-Vert soutint, les
armes à la main, les droits des malheureux orphelins, qu'il fit élever dans son palais. L'aîné
Galéas Visconti épousa la jeune sœur du comte
de Savoie.

Peu après que la paix eût été signée avec le
Dauphin, Amédée partit pour la dernière croisade
prêchée par Clément VI, dont il fut nommé le chef.
C'est vers l'époque de son retour, que le Dauphin
ayant perdu sa femme, Marie des Beaux, qui fut
inhumée à Marseille et n'ayant point d'enfant,
fit la cession de ses Etats au roi de France, Philippe VI, à la condition que le fils aîné de tous ses
successeurs prendrait le titre de Dauphin. Amédée
acquit par la force de ses armes, le pays de Gex,

marquisat appartenant au comte de Genève et le marquisat de Saluce. Il envoya des troupes au roi Jean au moment de la bataille de Poitiers, et soutint de ses conseils le dauphin Charles, lorsque le prince le plus fourbe et le plus adroit était en guerre avec lui. Ce prince était le roi de Navarre, Charles-le-Mauvais.

L'empereur Charles IV reconnaissant des efforts du comte de Savoie pour le soutenir contre les princes d'Italie se rendit à Chambéry, où il fut reçu avec magnificence. Il donna au Comte-Vert le titre de vicaire général de l'Empire et fonda à Genève une université à laquelle il accorda de grands priviléges. Le comte de Savoie accompagna ensuite l'Empereur à Avignon, où le Pape le décida à porter des secours à Jean Paléologue. Amédée se couvrit de gloire dans cette expédition. Il fit le siége de Galiopolis, repoussa les Turcs, remporta sur eux une victoire entière et fut reçu à Constantinople comme le sauveur du Prince et de l'Etat. Le Comte-Vert se disposait à aller combattre Charles de Duras, rival de Louis d'Anjou, héritier de Jeanne de Naples, lorsqu'il mourut de la peste dans sa cinquantième année.

Amédée fut sans contredit un des plus illustres souverains de son siècle ; il fut l'appui de l'Eglise et le modèle des princes de son temps. Il n'eut qu'un fils de son mariage avec Bonne de Bourbon.

AMÉDÉE VII, DIT LE COMTE-ROUGE
1383-1391

Amédée VII, dit le Comte-Rouge, à cause de la couleur de ses cheveux, se signala à l'âge de dix-sept ans à la mémorable bataille de Rosebecq sous Charles VI, roi de France. Deux ans après, il succéda à son père. Elevé sous ses yeux et formé par lui, il montra dès sa plus tendre jeunesse les plus heureuses dispositions. Sa mère, Bonne de Bourbon, prit aussi le plus grand soin de son éducation. Les premières victoires d'Amédée furent contre les Valaisans révoltés et soutenus dans leurs injustes prétentions par le marquis de Monferrat. Il vola ensuite suivi de mille chevaliers au secours de la France, et se distingua dans plusieurs occasions. La guerre entre Louis d'Anjou, couronné roi de Naples par Clément VII, et Charles de Duras, couronné par Urbain VI, se continua à leur mort avec la même activité par leur fils Ladislas de Duras et Louis d'Anjou. Ces deux princes divisaient l'Italie en deux factions. Ce fut au moment où la victoire abandonna les drapeaux du premier, que les habitants de Nice se donnèrent au comte de Savoie, ne voulant pas tomber en la puissance de la maison d'Anjou. Amédée étant allé à la chasse dans une forêt près de Thonon y fut blessé par un sanglier. On le transporta au château de Ripaille, où il mourut à l'âge de trente-six ans.

Il laissa trois enfants de sa femme Bonne de Berry, nièce de Charles VI, roi de France : Amédée, Jeanne et Bonne.

AMÉDÉE VIII, DIT LE PACIFIQUE
1391-1440

La maison de Savoie s'était élevée peu à peu au plus haut degré de puissance, lorsqu'Amédée VIII vint lui donner un nouvel éclat en l'élevant au premier trône du monde, celui de la papauté. Amédée n'avait que huit ans à la mort de son père. Sa grand'mère, Bonne de Bourbon, et sa mère, Bonne de Berry se disputèrent sa tutelle; ce fut sa grand'mère qui l'obtint. A cette époque eut lieu un de ces duels remarquables appelés alors jugement de Dieu, où le sort des armes décidait de l'innocent et du coupable. Othon, seigneur de Grandson, avait été accusé au moment de la mort du comte Amédée le Rouge de l'avoir empoisonné, les médecins assurant que la blessure du sanglier n'était pas assez forte pour causer sa mort. Cependant il était sorti victorieux d'un procès qu'on lui fit alors ; on ne s'occupait plus de cette accusation, lorsqu'un gentilhomme bressan d'Estavayé son ennemi assura qu'il était prêt de prouver par les armes, que le seigneur de Grandson était coupable de la mort de son maître. Le jeune comte de Savoie ayant autorisé le jugement de Dieu, toute la noblesse de la Savoie se rendit à Bourg pour y assister. Le duel eut lieu le 19 janvier 1398. La fortune qui jusqu'alors avait favorisé Grandson, le trahit pour la première fois; il mourut percé de la lance de son antagoniste, et tout le monde fut convaincu de la vérité du crime dont on l'accusait.

Peu après son mariage avec Marie de Bourgogne, Amédée négocia si heureusement avec Oddon de Villard, comte de Genève, qu'il acquit cette seigneurie pour lui et ses successeurs. On lui céda avec la terre de Châteauneuf, quarante écus d'or.

Amédée prit part aux douloureuses querelles des factions de Bourgogne et d'Orléans, et obtint du fougueux Jean-sans-Peur, son beau-père, la promesse de montrer plus de soumission à l'égard du roi de France. Bientôt la mort terrible de Louis d'Orléans vint soulever l'indignation de la moitié de la France contre le duc de Bourgogne et la guerre civile devint de plus en plus funeste et menaçante.

L'Eglise était aussi agitée que la malheureuse France : deux souverains pontifes prétendaient à la puissance papale, Grégoire XII, et Jean XXII, lorsque le concile de Pise les déposséda tous les deux pour en élever un troisième Benoît XIII. Cependant les trois papes s'accablaient de foudres et d'excommunications. Tous les princes d'Italie étaient au moment de décider ces questions les armes à la main, lorsque le comte de Savoie se ligua par un traité signé à Belley avec Philippe Visconti pour soutenir les intérêts de Benoît XIII, et un nouveau concile fut tenu en 1413 à Constance. Le comte de Savoie, envoya à ce concile Jacques Chanière, abbé d'Ambronay, et François de Verry. Jean XXII y fut déposé, et Grégoire XII qui craignait la honte d'un pareil traitement, envoya sa renonciation. Sigismond, empereur d'Allemagne donna rendez-vous à Nice à Ferdinand, roi d'Espagne, et à Amédée VIII et ensemble ces souverains reconnurent Benoit XIII qui mourut bientôt après. Il eut pour successeur Martin V.

Ce fut alors que l'Empereur voulant donner de nouvelles preuves de son estime au comte de Savoie, éleva son comté en duché par des lettres patentes, datées de Chambéry, le 19 janvier 1416. Peu après la mort du duc de Bourgogne, assassiné sur le pont de Montereau en présence du dauphin, Amédée vint assister à Paris aux funérailles de Charles VI, qui venait de livrer la France aux Anglais par le honteux traité de Troyes.

Bientôt de nouveaux orages fondirent encore sur l'Eglise. A Martin V reconnu par tous les princes, vint se joindre Clément VIII, et un certain Pierre de la Love, qui prit le nom de Grégoire XIII. Martin mourut sur ces entrefaites et Eugène IV lui succéda. Ces trois papes désolèrent l'Eglise de leurs prétentions.

En 1431, Amédée fondait l'ordre de Saint-Maurice à Ripaille, où, à la mort de sa femme Marie de Bourgogne, il conçut le projet de se donner tout à Dieu. Après plusieurs années d'excellente administration, laissant le gouvernement en fort bon état, Amédée annonça aux évêques et aux dignitaires de ses États réunis, son intention de remettre le pouvoir entre les mains de son fils aîné Louis, sans abdiquer cependant la couronne de Savoie. Cela fait, en compagnie de douze chevaliers de la cour, il prit l'habit de l'ordre de Saint-Maurice, qui fut un ordre à la fois religieux et chevaleresque, et se fixa dans sa chère solitude de Ripaille.

Eugène IV ayant indisposé toute la chrétienté par sa politique fourbe et adroite, tous les rois demandèrent qu'il donnât sa démission. Ce fut alors que les regards se tournèrent vers l'illustre ermite de Ripaille, au concile de Bâle. De grandes choses se passèrent à ce concile; les Grecs y reconnurent leurs erreurs et reçurent le nom de Grecs-Unis. Les pères du concile agitèrent fortement la question du successeur d'Eugène, déposé en 1440 et, après de mures délibérations, ils envoyèrent des évêques au duc ermite pour lui annoncer qu'il avait été élu Souverain-Pontife. Amédée, les larmes aux yeux, consentit à ce qu'on voulait de lui. Il abdiqua définitivement la couronne de Savoie et prit le nom de Félix V, en montant sur le trône pontifical (1440). Plus tard en 1449, il renonça à la tiare et se retira définitivement au couvent de Ripaille.

LOUIS Ier
1440-1465

Aussitôt après son élection, Félix V fut conduit à l'abbaye de Saint-Maurice, où il célébra sa première messe. Il fit ensuite des libéralités extraordinaires aux chevaliers de Saint-Maurice, et à ses deux filles la duchesse de Milan et la reine de Naples. Il institua Philippe, son second fils, comte de Genève et légua définitivement ses états à son fils Louis.

Le Souverain-Pontife fit à Bâle un séjour de trois années, se faisant admirer par sa profonde sagesse, sa grande piété et son habileté dans les affaires de l'Eglise.

Cependant Eugène IV vivait encore et quelques chrétiens le reconnaissaient toujours pour Souverain-Pontife. L'empereur Frédéric entra par politique dans le parti d'Eugène, et pour obtenir de lui l'abrogation de plusieurs articles du Concile de Bâle, il lui envoya une ambassade solennelle. Mais à peine Eugène eût-il reçu le témoignage de l'attachement de l'Empereur, que la mort le mit au tombeau. Les cardinaux de son parti lui donnèrent pour successeur Nicolas V, en sorte que le schisme au lieu de cesser ne fit que s'envenimer davantage.

Le roi de France, Charles VII, persuadé de la nullité du dernier conclave, résolut, pour ramener la paix dans le sein de l'Eglise, d'engager Félix V à renoncer à la tiare, et convoqua à Lyon une assemblée à laquelle se rendirent Louis de Savoie et des ambassadeurs de tous les souverains . Félix qui désirait concourir autant que possible au bien de l'Eglise, fit une déclaration authentique, par une bulle, datée de Genève 1447, où il posa les conditions de son abdication. Il demandait que sa démission fût acceptée par un concile qu'il aurait convoqué ; que tout ce qu'il avait fait pendant son pontificat serait maintenu et qu'il demeurerait légat du Saint-Siége. Après bien des négociations, toutes les difficultés furent vaincues, et au concile de Lausanne, Félix revêtu de ses habits pontificaux, déclara que pour le repos de l'Eglise, et pour faire cesser le schisme, il voulait bien se soumettre à la décision du concile. Alors toutes les excommunications lancées par Eugène IV, furent levées, et Amédée prit le titre de cardinal de Sainte-Sabine. Il se retira ensuite à Ripaille afin de consacrer le reste de ses jours à la prière et aux pratiques de piété. L'année suivante, les devoirs de sa légation l'ayant appelé à Genève, il y mourut à l'âge de 68 ans. Amédée fut enterré à Ripaille. Quelques auteurs assurent que des miracles s'opérèrent sur son tombeau. Les auteurs contemporains eurent pour lui le plus grand respect et l'appelèrent le Salomon de son siècle.

Un des plus grands événements du règne de Louis Ier, fut le procès du chancelier Bolomir, du pays de Gex. Accusé de concussion, Bolomir fut jeté vivant dans le lac de Genève avec une pierre au cou. La justice de Louis était sévère, et sa rigueur inexorable contre les magistrats qui abusaient de leur autorité.

A la mort de Philippe de Visconti qui ne laissait point d'enfant, le duc Louis fit valoir ses droits au duché de Milan, mais les Milanais appelèrent pour les gouverner François Sforza, époux d'une fille naturelle du dernier Visconti. Louis eut ensuite de violents démêlés avec le Dauphin de France, qui sans égard pour son futur beau-père (il était déjà fiancé avec la princesse Charlotte de Savoie) lui déclara la guerre. Peu après un traité de paix ayant eu lieu, le mariage d'Yolande de France, sœur de Louis XI, fut résolu avec le prince de Piémont.

Philippe, second fils de Louis, lui donna de grands chagrins et causa sa mort par ses révoltes en 1465.

La duchesse de Savoie, Anne de Chypre, fut une des plus belles princesses de son temps. C'est depuis son mariage que les ducs de Savoie, ont

pris le titre de roi de Chypre et de Jérusalem, quoiqu'ils ne jouirent jamais de l'héritage d'Anne qui
leur fut enlevé par Jacques, son frère naturel ; la
femme de ce dernier, Catherine Cornaro, en fit
plus tard hommage au doge de Venise.

AMÉDÉE IX, DIT LE BIENHEUREUX
1465-1472

Amédée IX, que ses vertus ont placé au nombre
des saints, était à Bourges avec son épouse Yolande
lorsqu'il apprit la mort de son père.

Le premier acte de sa puissance fut de faire
rendre la liberté à Galéas Sforza, que l'abbé de
Cazenove retenait prisonnier. Cet acte de justice
fut fortement réprimandé par la politique tortueuse
de Louis XI.

Bien jeune encore Amédée dont la santé était
des plus délicates, tomba dans l'impossibilité de
diriger les affaires de son duché. Yolande fut
nommée régente du royaume. Les deux frères du
roi, le comte de Genève et le comte de Bresse,
jaloux de la préférence des états, se soulevèrent
contre la duchesse, firent le siége de Montméliant,
et l'humilièrent par un traité onéreux.

Amédée mourut en 1474, à l'âge de trente-sept
ans. Il avait reçu de la nature un corps faible mais
une âme forte et tous les avantages de l'esprit et
du cœur; il laissa la couronne à son fils Philibert,

sous la tutelle d'Yolande sa femme, princesse du mérite le plus éminent.

PHILIBERT Ier, DIT LE CHASSEUR

1472-1482

La Savoie fut exposée sous la régence d'Yolande aux plus violentes secousses, grâce aux intrigues du duc de Bresse. Celui-ci alla jusqu'à enlever le jeune duc Philibert, afin d'obtenir des concessions de la régente ; puis il la retint elle-même prisonnière dans le pays de Gex. Ce fut avec le comte de Jotemps, son ami et son. conseil, qu'Yolande concerta le moyen d'intéresser son frère, le roi de France à sa délivrance ; elle envoya Cavoret, son valet de chambre, à Louis XI, mais le malheureux Cavoret fut d'abord considéré comme un espion, quoiqu'il montrât au roi comme preuve de la vérité de sa mission, un diamant dont il avait fait présent à sa sœur le jour de son mariage. Il allait donc être pendu, en qualité de fourbe et d'escroc lorsque Claude de Seyssel arriva à la cour de Louis XI comme second ambassadeur de la duchesse régente. Le roi consentit alors à se rendre aux prières de sa sœur : il la fit enlever à main armée ainsi que ses deux filles, et la fit conduire sous bonne escorte à Tours.

Après plusieurs conférences avec elle, Louis XI força le comte de Bresse à se désister de ses in-

justes prétentions et rétablit la duchesse régente
dans ses états.

Ayant fait peu après, le voyage de Lyen, le roi
de France exprima le désir de revoir son neveu Philibert qui se rendit à ses vœux. Malheureusement le
jeune prince âgé de seize ans s'échauffa trop dans
son voyage, aux plaisirs de la chasse et des tournois;
il mourut d'un refroidissement et fut vivement regretté de sa famille et de ses sujets. Il venait d'être
fiancé à Blanche Sforza, sa cousine.

CHARLES Ier, DIT LE GUERRIER

1482-1487

Le règne de Charles fut court et glorieux ; il fit
son entrée à Turin peu après la mort de son oncle
Louis XI, événement qui le rendait tout à fait in-
dépendant.

Charles donna peu après de grandes preuves de
fermeté, en repoussant les prétentions du pape
Sixte IV, qui voulait disposer de l'évêché de Turin.
Le Pape furieux de voir le jeune prince résister à
ses volontés, excommunia le conseil du duc de
Savoie et menaça le Piémont d'interdit. Charles
supporta le choc avec courage et se contenta d'envoyer des députés à Rome pour expliquer l'invio-
labilité de ses droits. Le Pape étonné de la fermeté de Charles rentra en lui-même et donna
l'absolution au conseil ducal, en levant toutes les
censures. Peu de temps après, Charles épousa

Blanche de Montferrat et mourut à l'âge de vingt-trois ans, laissant les plus grands regrets de sa mort prématurée. Il n'avait qu'un enfant en bas-âge, Charles-Jean-Amédée, âgé de neuf mois.

Une violente sédition eut lieu au sujet de la régence ; les ducs de Genève et de Bresse renouvelèrent leurs anciennes prétentions, mais Blanche de Montferrat par ses lumières et sa vigilance sut garantir son fils de tous les dangers.

C'est sous le règne de Charles Ier que le jeune Bayard parut à la cour de Savoie en qualité de page.

CHARLES-JEAN-AMÉDÉE
1489-1496

La régente eut à lutter à la fois contre les ducs de Milan, de Saluce et même contre la France. Elle promit d'abord, afin d'arriver à un accommodement, de rendre les places qu'on lui réclamait, mais un certain comte de la Chambre, semant partout la discorde, s'empara de Chambéry et se mit à la tête d'une faction. Philippe, comte de Bresse, fut chargé du commandement de l'armée de la régente, attaqua le comte de la Chambre, dispersa ses troupes et entra victorieux à Genève.

Blanche s'occupa ensuite du bonheur de ses sujets ; elle fit alliance avec Ferdinand-le-Catholique, et le mariage de son fils fut résolu avec

Jeanne, sa fille aînée qui fut depuis surnommée *la folle.*

Cependant Charles VIII, méditant la conquête du royaume de Naples, demanda à Blanche un passage sur ses terres pour ses troupes. Elle y consentit, et lui fit présent de ce cheval que Comines appelle le meilleur *cheval du monde.* Ce fut au commencement de l'année 1496, que la régente perdit son fils âgé de 7 ans, d'une chute de cheval. Cette perte fut plus cruelle pour Blanche que pour la Savoie, qui passa sous la domination du prince le plus digne d'occuper le rang suprême.

PHILIPPE II, COMTE DE BRESSE
1496-1497

Philippe s'était montré plus ambitieux que juste, pendant les régences d'Yolande, sa belle-sœur, et de Blanche, sa nièce. Mais depuis bien des années, sa conduite avait fait oublier les égarements de sa jeunesse, et l'on peut dire qu'il fut le sauveur de la Savoie, par sa victoire sur l'indigne comte de la Chambre. Il commença son règne par les plus sages édits, et favorisa Blanche de tout son pouvoir pour l'établissement de son douaire. Sa vigilance, ses efforts pour accroître la félicité de son peuple, donnaient à la Savoie les plus heureuses espérances, lorsqu'il mourut après un règne de deux ans. Philippe eut de sa première union avec Marguerite de Bourbon, deux enfants : Philibert-le-Beau et Louise de Savoie, mère de François Ier, et de sa seconde épouse Claudine de la Brosse : Charles III, dit le Bon, et Philippe duc de Nemours.

PHILIBERT II, DIT LE BEAU
1497-1504

Philibert avait suivi Charles VIII dans la conquête de Naples. Il s'y distingua par son courage et sa valeur. Au moment de son départ pour Milan, Louis XII demanda le passage en Savoie, et à l'occasion de ce passage, le duc de Savoie donna au roi de France un magnifique tournois dont il fut lui-même le tenant.

Bientôt une guerre cruelle embrasa l'Europe entière. La Savoie seule goûta les douceurs de la paix, grâce à la sagesse de son souverain. Afin de se délasser des travaux de l'administration, Philibert prit occasion du mariage de son grand écuyer, Laurent de Varax, qui épousait la fille de Sibuet comte de la Balme, pour faire publier pendant l'hiver de grands tournois à Turin. Sa jeune épouse, Marguerite d'Autriche, et la duchesse douairière Blanche de Montferrat, à peu près de son âge, y distribuèrent les prix. Mais hélas ! le moment approchait où le jeune duc, l'idole de ses sujets, devait leur être enlevé.

Après avoir chassé tout le jour dans une forêt

peu éloignée du château de Pont-d'Ain, il eut l'imprudence de boire à une fontaine glacée et mourut d'une fluxion de poitrine à l'âge de vingt-sept ans. La duchesse Marguerite, une des princesses les plus accomplies de son siècle, lui fit de magnifiques funérailles, et lui fit bâtir pour tombeau la splendide église de Brou, à Bourg-en-Bresse.

Marguerite n'eut point d'enfant de son mariage avec Philibert. Elle se retira après la mort de son mari, à l'âge de vingt-huit ans, auprès de l'empereur Maximilien, son père, et devint gouvernante des Pays-Bas, sous le règne de son neveu, Charles-Quint. Elle acquit un grande réputation, par sa prudence, sa sagesse, et voulut être enterrée à Brou auprès de son époux.

CHARLES III, DIT LE BON
1504-1553

La mort du duc Philibert ne fut suivie d'aucun trouble. Charles, son frère, que sa rare bonté a fait surnommer le Bon, lui succéda. Trois douairières se partageaient en ce moment à peu près tous les revenus du royaume : Blanche de Montferrat tenait les meilleures places du Piémont ; Claudine de la Brosse avait tout le Bugey et Marguerite d'Autriche avait droit à une pension considérable.

Dans une position si difficile, Charles devait s'assurer la paix avec ses voisins. Il espérait que les succès de Louis XII en Italie lui donneraient la possibilité de reprendre l'ile de Chypre ; mais des circonstances extraordinaires ayant changé le cours des événements, ses espérances furent déçues.

Jean du Four, secrétaire infidèle de Charles III, le scélérat le plus audacieux de son siècle, forgea des titres par lesquels le duc Charles reconnaissait devoir aux Valaisans trois cent mille écus. Les Suisses demandèrent l'argent avec intérêt, et de longues négociations eurent lieu. Cette querelle fut envenimée par François Ier qui se ligua avec les Suisses contre le duc de Savoie. On sait de combien de gloire le monarque français se couvrit dans la mémorable journée de Marignan en 1515, où il fut armé chevalier par Bayard lui-même.

Ce fut après la paix obtenue par François Ier, que Charles III fonda l'Ordre de l'Annonciade au château de Pierre-Châtel, en l'honneur de la Sainte-Vierge. La devise de l'ordre était ces mots : *Fide et religione tenemur* ; cette devise est souvent reproduite en abrégé dans l'église de Brou. Peu après, eut lieu la conquête de Milan, François Ier, pour récompenser les services de Charles, lui donna une pension de douze mille livres.

Charles-Quint employait Léon X et son successeur Clément VII, à négocier la paix, lorsqu'eut lieu la bataille de Pavie et la captivité du roi de France. Quant au duc de Savoie, beau frère de l'Empereur par son mariage avec Béatrix de Por-

tugal et oncle de François Ier, comme frère de sa
mère Louise de Savoie, il tâcha de conserver la
plus sage neutralité. On sait à quel prix l'avidité
du rusé Charles-Quint mit la liberté de François.
La paix des Dames ne fut pas plutôt conclue que
Charles-Quint allant se faire couronner à Bologne,
invita le duc de Savoie à assister à son couronnement.

Le temps approchait où les plus cruelles épreu-
ves allaient accabler Charles III. Le protestantisme qui faisait en Allemagne les plus rapides
progrès, s'empara bientôt d'une partie de la Suisse.

Calvin prêcha à Genève, et ses partisans dans
cette ville chassèrent leur évêque, Pierre de la
Baume et levèrent l'étendard de la révolte contre
le duc de Savoie. Bientôt le roi de France lui
déclara la guerre en 1537. On croit que la cause
de cette déclaration injuste et inattendue, fut
l'attachement de Charles pour l'Empereur. Quoi
qu'il en soit, la Bresse et le Bugey passèrent sous
la puissance des Français. Chambéry, Montmélian ouvrirent leurs portes aux vainqueurs.

Les Genevois de leur côté ruinèrent les monastères, chassèrent les prêtres et commirent tant
d'atrocités contre les catholiques que le siége épis-
capal de Genève fut transféré à Annecy.

Quelques personnes conseillèrent alors à Charles de se mettre avec toute sa famille sous la protection du monarque français. Il frémit d'indi-

nation et prit la généreuse résolution de s'ensevelir
ous les débris de sa dernière place, plutôt que de
consentir à une aussi flétrissante humiliation. Cependant l'armée française paraissait devant Milan,
la ville fut mise au pillage. Charles-Quint donna
alors quelques secours au duc de Savoie qui s'occupait à fortifier Nice en grande hâte.

Bientôt les affaires se compliquèrent encore ; le
malheureux duc, sans armée, hors d'état de se
soutenir dans ses états, partagés entre les impériaux et les Français, fut contraint de se retirer à
Nice avec sa femme, la duchesse Béatrix. Une
grande conférence fut résolue dans cette ville,
entre Paul III, Charles-Quint et le roi de France.
Le duc de Savoie reçut de grands témoignages
d'estime de son neveu. Après de longues négociations, des peines infinies et des luttes coura-
geuses et grâce à la politique adroite de l'empereur,
Charles rentra en possession des pays de Gex, de
Vaud, du Chablais et les Suisses furent condamnés à payer au duc deux mille écus. Un rayon
d'espérance semblait luire aux yeux de l'infortuné
Charles, lorsque le seigneur de Brissac, gouverneur du Piémont fit venir une armée puissante,
qui envahit bientôt les places qu'avaient défendues
jusque-là les impériaux. Le courage de Charles
ne résista pas à cette nouvelle épreuve, il mourut
un an après sa femme, Béatrix de Portugal, sans
regretter la vie, âgé de 67 ans.

Charles fut le prince le plus malheureux de son siècle, il avait trop de franchise et de loyauté pour résister à la politique habile de Charles-Quint et de François Iᵉʳ. Il eut en partage toutes les vertus du chrétien et se consola souvent avec les léttres de ses cruels chagrins. Il eut sept enfants, ses deux fils aînés moururent jeunes ; le troisième lui succéda.

EMMANUEL-PHILIBERT Iᵉʳ,
DIT TÊTE DE FER ET PÈRE DES SOLDATS
1553-1558

Il ne restait au nouveau duc que les comtés de Nice, d'Aoste et le pays de Gex, mais sa valeur fit rentrer sous sa domination tous les états usurpés du vivant de son père. Emmanuel se mit d'abord à la disposition de l'empereur son oncle, et se signala dans les guerres de Picardie ; il se couvrit de gloire à la célèbre bataille de Saint-Quentin, en combattant sous les ordres de Philippe II devenu roi d'Espagne par l'abdication de son père.

Emmanuel envoya du camp de Saint-Quentin, où la victoire l'avait rendu tout-puissant, un manifeste aux habitants de la Bresse et du Bugey, par lequel ils eussent à rentrer tout de suite sous son obéissance. Le baron de Pulivier, le seigneur de Meyonne et Lucinge, tous gentilhommes savoisiens, furent de puissants auxiliaires pour le duc de Savoie.

Cependant Henri II, impatient de réparer par une éclatante victoire la honte de Saint-Quentin, s'avançait suivi des principaux seigneurs de la cour. Guise avait pris Calais, Toul, Verdun ; c'est alors que se signa la paix de Cateau-Cambrésis en 1559. Il fut convenu que les deux rois se rendraient ce qu'ils s'étaient pris depuis huit ans ; que Philippe épouserait Elisabeth de Valois, fille d'Henri, II et le duc Emmanuel, sa sœur, surnommée en France la dixième muse. Elle était âgée alors de vingt-six ans et faisait les délices de la cour. Le roi de France rendit à son beau-frère, tout ce que son père avait pris au sien, à l'exception de Turin qui devait rester à la France jusqu'à ce que la dot de Louise de Savoie fût payée. Le bonheur et la joie régnaient de toutes parts, on préparait de superbes fêtes pour ce double mariage, lorsque la mort funeste d'Henri II vint changer les fêtes en deuil et en larmes.

Emmanuel fit ensuite son entrée en Savoie avec magnificence ; il passa l'hiver avec la duchesse Marguerite, à Nice et bientôt le bon ordre succéda au tumulte du dernier règne. Le comte de Stopiano devint chancelier, et deux sénats furent établis, l'un à Carignan pour le Piémont, l'autre à Chambéry pour la Savoie.

Pendant cet hiver, Emmanuel courut un grand danger en combattant un célèbre corsaire Ochioli, qui voulut essayer de faire le siége de Nice. Dans ce combat plus de quarante gentilhommes périrent, beaucoup furent faits prisonniers ; mais Ochioli étant tombé en la possession du duc de Savoie, on échangea les prisonniers, et le pirate qui avait la plus grande admiration pour Marguerite, posa pour condition de lui baiser la main ; on assure que ce forban aimait les vers et en faisait lui-même.

Le duc de Savoie étant rentré en la possession de Turin, envoya une armée considérable aux chevaliers de Malte pour repousser Soliman ; puis il alla saluer avec la duchesse à Lyon, Catherine de Médicis et Charles IX.

Bientôt éclatèrent en France toutes les horreurs d'une guerre de religion. L'horrible drame de Saint-Barthélemy vint épouvanter l'Europe ; des protestants échappés au massacre, formèrent le projet d'assassiner Emmanuel, comme ennemi de leur doctrine. De Chabaud, gentilhomme bressan, fit échouer le complot. Ce fut à l'âge de cinquante-neuf ans que l'illustre duc Emmanuel-Philibert termina sa glorieuse carrière. Il fut généreux, affable, ami du pauvre, et l'un des plus grands capitaines de son époque. Il aima les lettres, les savants, et établit les jésuites à Chambéry. La duchesse Marguerite fut adorée de son époux; elle reçut les noms de dixième muse, de quatrième grâce, de perle de France, et de fleur du Parnasse.

Elle fut aussi bonne que belle et savante ; elle n'eut qu'un fils qui succéda à son père.

CHARLES-EMMANUEL LE GRAND
1580-1630

Les historiens assurent que la naissance de Charles-Emmanuel fut annoncée par une comète d'une merveilleuse grandeur, et par des prédictions aussi absurdes que la prophétie de la comète.

En 1586, le jeune duc de Savoie préféra aux nombreux partis qui lui furent offerts, Catherine-Michelle d'Autriche, fille de Philippe II. Tandis que l'on se réjouissait en Savoie de ce mariage, les feux de la guerre civile embrasaient les provinces de France, l'Espagne excitait l'incendie, et l'esprit de révolte éclatait de toutes parts. Le roi de Navarre combattait en héros pour le monarque français contre des factieux dont il devait être le vainqueur et le père. Le duc de Guise venait de contraindre Henri III de s'enfuir et le duc de Savoie lui envoya tous les secours dont il pouvait disposer.

Lesdiguière, qui, en qualité de lieutenant du roi de Navarre, commandait dans le Dauphiné, entreprit de s'emparer du marquisat de Saluce. Le duc repoussa à main armée le Connétable, et s'empara du château de Revel ; bientôt le double assassinat du duc de Guise et du cardinal de Lorraine, son frère, ne servit qu'à rendre Henri plus odieux à ses sujets. La ligue considéra les deux Guise comme des martyrs et elle ne fit que se fortifier.

Pendant les malheurs de la France, Emmanuel faisait bâtir le fort Sainte-Catherine à deux lieues de Genève, et y établissait une garnison de sept cents hommes. Lesdiguière s'empara peu après du château dauphin et de Cavour. Un malheureux moine trahit la ville de Chambéry, et le Connétable allait s'en emparer, lorque la conspiration fut découverte, et le moine pendu. La mort tragique d'Henri III et l'abjuration d'Henri IV changèrent la face des choses et la religion ayant été la cause de la guerre que l'Espagne et Mayenne avaient faite à Henri IV, l'absolution du Pape et le titre de roi très-chrétien, qu'il en reçut ne laissèrent plus de prétexte aux ligueurs.

Bientôt le roi de France s'occupa du soin de recouvrir le marquisat de Saluce, sur lequel il assura avoir des droits; les prétentions plus anciennes du duc de Savoie devaient amener une nouvelle guerre ; mais les deux souverains étaient fatigués d'hostilité, et à la suite de négociations auxquelles prirent part le comte de Silleri et le baron d'Hermance, dans une conférence au Pont-de-Beauvoisin, une trève fut signée en 1595.

Après plusieurs années, la guerre éclata de nouveau entre les deux puissances voisines. En 1600, Lesdiguière et le maréchal de Biron se rendirent maîtres de Bourg, par la trahison de son gouverneur Montmayor, de Pont-d'Ain, de Belley, et enfin du pays de Gex. Bientôt après, Crillon s'empara de Chambéry. Cependant le duc Emmanuel instruit du complot que Biron tramait avec l'Espagne s'inquiétait peu des progrès des Français en Savoie. Ce complot fut découvert à la mort de Biron et ne laissa d'autre espoir pour la paix que l'intervention du pape Clément VIII et de Sully. Les conditions de la paix furent l'abandon de la Bresse, du Bugey, du pays de Gex, la démolition du château Dauphin moyennant quoi, marquisat de Saluce resterait au duc de Savoie. Le mariage du prince de Piémont, alors Victor-Amédée, fut résolu avec Christine de France, fille d'Henri IV.

L'horrible attentat qui, en 1610, causa la mort d'Henri IV fut funeste à la France et à toute l'Europe, et la perte du meilleur des rois laissa des regrets éternels.

Les dernières années du règne de Charles-Emmanuel furent remplies de longs démêlés avec l'Espagne. Les conquêtes des généraux de Créqui, de Châtillon, de Bassompierre en Piémont et la perte de la bataille de Villars, où combattit le prince de Piémont pénétrèrent l'âme de Charles-Emmanuel d'une si grande douleur, qu'il en mourut à l'âge de soixante-neuf ans.

Ce prince eut un règne glorieux de 50 ans. Il fut

aussi recommandable par sa valeur que par ses vertus et talents. Quoique toute sa vie ne soit qu'une
suite de combats, de négociations et de triomphes,
il cultiva cependant les lettres et les sciences ; sa
mémoire était excellente, et son jugement exquis.
Henri IV disait de lui qu'il était le meilleur général de son temps. Il eut cinq enfants de son mariage avec Michelle d'Autriche : Victor-Amédée
qui lui succéda, Emmanuel qui fut commandeur
de Malte, Maurice qui devint cardinal, Thomas
duc de Carignan et Marguerite, duchesse de Mantoue.

VICTOR-AMÉDÉE Ier

1630 1637

Au moment où il succéda à son père, il ne restait plus au jeune duc en Savoie que le château
de Montmélian. Il défendit d'abord avec vigueur
la ville de Carignan, dont le maréchal de Châtillon faisait le siége. Le jeune Masin, si célèbre
depuis, s'étant présenté comme envoyé de la
France, une trève fut acceptée ; elle dura jusqu'à
une paix générale qui fut signée quelques années
plus tard. On y stipula que la Savoie rentrerait
sous la domination de Victor-Amédée, avec une
partie du duché de Montferrat.

Une funeste mésintelligence s'étant glissée
entre le duc et ses frères, ces derniers se liguèrent
à la grande douleur de Victor avec l'Espagne, et

les princes de Piémont entrèrent dans les misérables intrigues qui coûtèrent la vie au duc de Montmorency, à de Thou et à Cinq-Mars. La politique habile et sévère de Richelieu sauva la France de la plus redoutable invasion.

La mort de Victor-Amédée vint jeter la consternation dans tous ses Etats, au commencement de 1637. Il mourut en héros chrétien, ordonnant que la régence fût confiée à son épouse, Christine de France. Vigilant, actif, d une rare prudence, Victor-Amédée était si bon qu'aux actions de guerre près, il ne fit jamais de mal à personne. Sa sobriété était telle qu'il mangeait de tout ce qu'on lui présentait, et toujours debout en temps de guerre. Ses mœurs furent d'une pureté parfaite et sa discrétion à toute épreuve. La princesse Christine de France passait pour la princesse la plus accomplie de son siècle. De tous les enfants d'Henri IV, c'était elle qui lui ressemblait davantage pour le cœur et le visage. De cette illustre princesse et de Victor-Amédée naquirent : François-Hyacinthe qui succéda à son père; Charles-Emmanuel II, qui succéda à son frère, Adélaïde qui épousa son oncle Maurice et Yolande qui devint duchesse de Bavière.

FRANÇOIS-HYACINTHE

1637-1638

François-Hyacinthe n'avait que sept ans à la mort de son père. Dès les premiers jours de la régence, de grands chagrins furent réservés à sa mère. Les Français qui étaient près de Verceil, formèrent le projet de s'emparer de cette place et d'enlever la régente et son fils. L'auteur de ce lâche complot était d'Emery, ambassadeur de France. Le maréchal de Créquy refusa d'entrer dans cette infâme trahison. Cependant, d'Emery violent, emporté, créature de Richelieu, persévérait dans son horrible projet, lorsqu'une femme de la duchesse entendit la conversation d'Emery et de Créquy, en prévint sa maîtresse, qui envoya aussitôt une forte garnison à Verceil et déjoua le complot.

Christine sollicita ensuite la protection de ses beaux-frères; mais Louis XIII lui fit signifier que si le Cardinal entrait en Savoie, elle serait considérée comme ennemie de la France. Les intrigues du prince Thomas donnèrent ensuite de grandes inquiétudes à la régente, l'Espagne qui le dominait voulut aussi faire entrer Christine dans une ligue contre la France. Elle refusa avec indignation et parvint en usant d'une extrême habileté à signer un traité de paix avec Richelieu. La perte de Verceil enlevé par Liganis, général espagnol, fut un nouveau chagrin pour la régente qui bientôt eut à déplorer un malheur plus grand, la mort du jeune duc, enlevé à l'âge de 9 ans, à l'amour de sa mère et à celui de son peuple.

CHARLES-EMMANUEL II
1638-1675

La régente fit aussitôt reconnaître Charles-Emmanuel, pour successeur de son frère et,supérieure au coup cruel que le sort lui portait, elle fit passer mille hommes d'infanterie en Piémont. Cependant, l'Espagne irritée contre la régente, offrit aux deux princes ses beaux-frères, toutes ses forces, s'ils voulaient la dépouiller et devenir tuteurs du jeune duc. Le cardinal Maurice fut le plus impatient d'agir, il quitta Rome et vint demander une entrevue à sa belle-sœur qui lui dit qu'elle était décidée à répandre son sang pour soutenir ses droits et défendre la succession de son fils. Le Cardinal répondit qu'il ne connaissait ni loi, ni puissance qui pussent l'éloigner de la maison paternelle; il jura que ses intentions étaient pures et son affection sans bornes pour la duchesse. Ce fut à cette époque que deux infâmes scélérats, Pagerot et Mugerati, auxquels la régente avait fait grâce de la vie, s'évadèrent de prison et se rendirent auprès des deux princes, et après mille coupables intrigues s'engagèrent à les faire entrer à main armée dans le Piémont. Christine alors demanda des secours à son frère; mais le faible monarque en demandait en vain au cardinal ministre, qui voulait se venger par ses hauteurs, de la résistance de Christine qui refusait de lui livrer le jésuite Monod, qui l'avait offensé.

Cependant, les princes s'avançaient à main armée, et la régente faisait sortir de Turin ses enfants et ses ministres, voulant s'enfermer seule dans la place avec ses troupes. De leur côté les princes Maurice et Thomas publiaient des manifestes où ils déclaraient être les seuls tuteurs légitimes du jeune duc et cassaient tout ce qu'avait fait la régente. Turin ouvrit ses portes, et laCour se retira à Suze. Louis XIII ayant demandé une entrevue à sa sœur à Lyon, elle lui envoya le marquis de Lulins pour sonder ses intentions, se méfiant de la politique de Richelieu. Le roi de France ayant de nouveau manifesté le désir de voir sa sœur, Christine se décida alors à faire le voyage de Lyon. Le Cardinal chercha d'abord à l'effrayer, voulant lui persuader de mettre son fils sous la protection de la France, et de l'envoyer à Paris. Christine refusa avec fermeté, et le Cardinal irrité s'oublia jusqu'à menacer la sœur de son Maître.

L'infortunée Christine rentra en Piémont profondément découragée. Richelieu lui avait voué une haine irréconciliable. Il entreprit d'abord de s'assurer le prince Thomas, et dans cette vue il lui fit offrir, s'il voulait abandonner l'Espagne, la principauté du Piémont, La duchesse instruite de ces intrigues par la loyauté du comte d'Harcourt, eut alors la pensée de s'assurer son beau-frère, le cardinal Maurice, qui malgré son titre n'était point prêtre en lui donnant la main de sa fille aînée Adélaïde, lui faisant comprendre que ce mariage lui assurait la possession des Etats de Savoie en cas de mort du jeune duc.

Pendant ces négociations, le comte d'Harcourt forma la généreuse résolution de reprendre Turin aux Espagnols, où plutôt aux princes de Piémont. Le siége réussit au gré de ses désirs, et la duchesse fit son entrée dans Turin sous la protection des Français avec de grandes acclamations de joie de la part du peuple. Les princes se réconcilièrent alors avec la régente, et l'on célébra le mariage de Maurice avec sa jeune nièce. Richelieu accomplit à ce moment un acte qui le rendit odieux à toute la noblesse piémontaise : il fit enlever le comte d'Aglié, premier ministre de Christine, homme incorruptible, et son plus ferme appui. La régente envoya aussitôt demander compte de cette conduite à Louis XIII. Le malheureux comte avait été enfermé à Vincennes, comme prisonnier d'Etat, et il n'en sortit qu'après la mort du terrible ministre.

La régente ayant enfin par sa prudence et sa fermeté triomphé de tous ses ennemis, établitson fils dans sa capitale et finit sa régence par un acte de grande habilité en déjouant le complot du moine apostat, Jean Gualdolphe, où il ne s'agissait

de rien moins que de la vie de l'illustre Christine.
Après un long et terrible procès, le moine assassin
déclara que de Silau, sénateur de Chambéry et Ja-
yot, ancien valet de chambre de la duchesse, étaient
ses complices. Tous les coupables reconnus criminels de lèse-majesté, au premier chef, périrent de
la main du bourreau. Charles-Emmanuel commença son règne par de grandes conquêtes sur
les Espagnols et de sages ordonnances contre les
calvinistes. Ces sujets séditieux occasionnèrent de
grands troubles dans les Etats de Savoie, où il
fallut les repousser à main armée. Les rebelles se
défendirent avec ce courage farouche qu'inspire le
fanatisme, et furent vaincus et vainqueurs tour à
tour. Cette guerre eût finie par des torrents de sang,
si le duc Emmanuel n'eût cru devoir entrer en
négociation. Après avoir travaillé à rendre ses
sujets heureux, avoir embelli et décoré sa capitale,
Emmanuel entreprit un ouvrage digne de l'ancienne Rome : il fit percer, dans le mont Viso, ce
chemin qui fera d'âge en âge l'admiration des
voyageurs.

Il présidait à la construction d'un de ces édifices
qui porte l'empreinte de son génie, lorsqu'un acci-
dent imprévu vint le précipiter dans le tombeau.
Un jour que le jeune prince Victor-Amédée, son
fils, s'exerçait au manége sous ses yeux, il tomba
de cheval, le duc fut pénétré d'une si grande
frayeur qu'il en mourut en 1676 à l'âge de 47 ans.

Les premières années de son règne furent agitées, mais la suite en fut glorieuse et brillante. Charles-Emmanuel eut toutes les vertus de son illustre mère, dont il fut le digne fils. La maison de Carignan commença sous ce règne, dans la personne de Thomas de Savoie, qui fut le grand-père du prince Eugène, l'un des premiers généraux et des plus habiles négociateurs de son siècle. De son union avec Jeanne de Savoie Nemours, Charles-Emmanuel ne laissa qu'un fils qui lui succèda sous la tutelle de sa mère.

VICTOR-AMÉDÉE II
1675-1732

Communément, les minorités des souverains sont des temps de troubles et d'orages ; la régence de Jeanne fut tranquille, soit par la sagesse des mesures prises par Charles-Emmanuel, soit par la prudence de la régente. Il y avait peu de temps que le jeune duc était parvenu à sa majorité lorsqu'il épousa Anne-Marie d'Orléans, fille de Philippe d'Orléans et d'Henriette d'Angleterre, sa cousine, mariage qui lui donnait plus de droit à la couronne de la grande Bretagne, que la maison de Hanovre, après l'exclusion des Stuarts.

On peut reprocher à Victor-Amédée II son intolérance contre les malheureux protestants. Plus sévère que Louis XIV, qui se contenta de les chasser de son royaume, il déploya contre eux

toutes les horreurs d'une guerre civile sans pitié.
Victor-Amédée fit une alliance étroite avec
Louis XIV, et le mariage de sa fille Adélaïde fut
résolu avec le duc de Bourgogne, petit-fils du
monarque français; puis les deux Souverains formèrent une ligue pour chasser les impériaux d'Italie; peu après fut aussi conclu le mariage de
Louise-Isabelle de Savoie avec le duc d'Anjou,
qui parvint à la couronne d'Espagne en 1700,
après la mort de Charles II son oncle.

Cependant, l'empereur qui prétendait avoir des
droits à la couronne d'Espagne, pour son second
fils, forma une alliance avec l'Angleterre contre
la France et l'Espagne, et Victor-Amédée sentant
combien dans cette circonstance son attachement
à la France pouvait lui devenir funeste, résolut
de se détacher de son gendre et de se déclarer
pour l'empereur. Il fit proposer au prince Eugène
de le recevoir dans la grande alliance. Indigné
d'une défection si peu prévue, Louis XIV, le plus
fier des souverains, écrivit au duc de Savoie une
lettre menaçante. Mais Victor resta inébranlable
dans sa résolution. Cette fermeté faillit ruiner ses
Etats et perdre à jamais sa maison. Les généraux
français Vendôme et Catinat, allèrent mettre le siége
devant Turin, et le duc d'Orléans prit le commandement de l'armée. Les commencements du siége
furent terribles, la ville fut bombardée à boulets
rouges. Les assiégés manquaient de vivres et

allaient, se rendre, lorsque le prince Eugène parut
à la tête d'une puissante armée; à la troisième attaque , il força les bataillons. La terreur se mit
alors dans le camp des Français, qui abandonnèrent
leur poste. Le duc d'Orléans fut blessé et le
maréchal de Marsan mourut sur le champ de
bataille. Bientôt Victor-Amédée, marchant de
victoire en victoire, reconquit toutes les
places qu'il avait perdues. En 1713 la prise d'U-
trecht fut résolue, et le duc de Savoie reçut le
titre de roi de Sardaigne, de Savoie et de Piémont.
Depuis cette époque, Victor-Amédée ne s'occupa
plus qu'à gouverner ses peuples avec sagesse. Il
protégea les arts, encouragea l'industrie et ranima
le commerce. Il fut secondé par le prince de Piémont qui, en 1722, avait épousé une princesse de
Neubourg. Ce mariage faisait également le bonheur des deux époux, lorsque la princesse
étant accouchée d'un fils, mourut quelques jours
après avec son enfant, ce qui fut un deuil profond
pour tout le royaume.

Le roi de Sardaigne toujours infatigable s'occupait de la législation et réprimait tous les abus
qui s'étaient glissés dans la jurisprudence. Il com-
posa un nouveau code dans lequel on lui reproche
une trop grande sévérité pour les juifs. A cela
près, le code de Victor-Amédée, est de la plus
grande sagesse et digne de ce grand siècle où se
distinguèrent tant de rois habiles et instruits dans le

grand art de commander aux hommes, et de rendre les peuples heureux. Au commencement de 1729, le prince de Piémont épousa Polixène de Hesse-Rhinssels, qui lui donna la même année un successeur à la couronne.

Victor-Amédée conçut dans ses dernières années un projet qui nuisit beaucoup à sa gloire; il renonça brusquement au trône pour épouser l'objet d'une passion ridicule, la comtesse de Saint-Sébastien, femme d'une ambition outrée, intrigante capable de tout entreprendre pour remplir le projet dont son orgueil et la faiblesse du roi lui faisaient espérer le succès. Le prince de Piémont monta donc sur le trône avec toutes les formalités observées dans les abdications. Il prit le nom de Charles-Emmanuel III. Cependant Victor-Amédée venait d'épouser la comtesse qui mettait tout en usage pour persuader à son époux de reprendre un rang imprudemment abandonné. Trop faible pour résister à une femme qu'il adorait, le vieux roi sollicita l'appui des principaux seigneurs du Piémont et de la Savoie. Emmanuel s'efforça alors de persuader à son père de renoncer à ses projets. Mais Victor-Amédée persista à déclarer hautement qu'il voulait reprendre la couronne. Obligé d'en venir à des moyens violents, Emmanuel III, fit mettre son père et sa femme, aux arrêts. Victor ne résista point à ce chagrin, et mourut à l'âge 69 ans.

On a accusé Victor-Amédée de légéreté et d'inconstance ; à cela près, il eut des talents, et fut un habile négociateur. Il eut trois enfants de Marie-Anne d'Orléans : Charles-Emmanuel III qui lui succéda, Isabelle qui fut reine d'Espagne, Adélaïde qui épousa le Duc de Bourgogne.

CHARLES-EMMANUEL III

1730-1773

Charles-Emmanuel avait 38 ans à la mort de son père. Les intrigues de la comtesse de Saint-Sébastien ne furent pas les seuls désagréments qui affligèrent le commencement de son règne. La cour de Vienne fit traîner en longueur la ratification des engagements et des promesses de l'Empereur, ce qui amena de nouvelles négociations ; puis la jeune reine Polixéne, qu'il aimait avec une vive tendresse, lui fut enlevé après huit heureuses années de mariage. Elle ne laissa qu'un fils, Victor-Amédée III, enfant faible et délicat.

Ce fut en vain que le peuple demanda au roi de nouveaux héritiers. Il ne songea jamais à un second mariage. Charles-Emmanuel entra dans la ligue avec les rois de France et d'Espagne pour soutenir Stanislas sur le trône de Pologne. Ce f.. après la bataille de Parme, gagnée par le maréchal de Villars, qu'eut lieu le congrés de la Haye, où Stanislas fut créé duc de Lorraine. Emmanuel consacra la paix qui suivit aux travaux les plus utiles : il réprima les abus, embellit Turin et rétablit la discipline militaire. Telles étaient les occupations du roi de Piémont lorsque la mort de l'empereur Charles VI vint agiter toute l'Europe. Il laissait à son auguste fille Marie-Thérese une vaste succession à recueillir. La plupart des nations européennes, alarmées de la puissance de la maison d'Autriche se liguèrent contre elle. Plusieurs sujets de la reine se révoltèrent ; tout lui manquait à la fois, mais son courage lui tint lieu de finances, d'armées et d'alliés. Aussi vit-elle sans émotion la force et l'injustice se liguer contre elle.

Emmanuel alors se déclara pour la souveraine de l'Autriche et allant à son secours, moissonna pour elle des lauriers en soumettant le Milanais et la ville de Modène. Après cinq ans d'hostilité le roi de Piémont regardé comme le souverain la plus prudent de son siècle et l'un des plus habiles généraux négocia avec tant de sagesse, que, par le traité d'Aix-la-Chapelle, en 1748, il termina enfin cette longue guerre avec les Espagnols et rentra en possession de plusieurs places importantes.

Charles-Emmanuel III mourut à 58 ans, après avoir fait le bonheur de son peuple et laissant la réputation d'un roi chrétien et habile. Son fils Victor-Amédée III, lui succéda.

VICTOR-AMÉDÉE III

1773-1796

Après quelques années de paix et de prospérité le roi de Piémont vit éclater l'affreuse révolution francaise, avec cette force d'arme et cette énergie qui distinguèrent toujours les princes de sa race.

Victor-Amédée eut trois fils dignes de lui, Charles-Emmanuel IV, Victor-Amédée IV, et Charles-Félix ; tous trois montèrent sur le trône. Le premier épousa Marie-Clotilde de Bourbon, sœur de l'infortunée Louis XVI. Cette princesse, modèle de toutes les vertus, craignait que son embonpoint excessif ne déplût à son époux auquel elle dit au Pont-de-Beauvoisin, où il vint à sa rencontre : « Vous me trouvez bien grosse ? — Je vous trouve adorable », répondit le prince. On avait surnommé Clotilde à la cour de Versailles, le gros madame et elle entendit le peuple lorsqu'elle entra à Turin, répéter : *A come e grossa*. Sa belle-mère Louise-Charlotte de Naples lui dit pour la consoler : cela n'est rien ma fille, pour moi qu'en j'arrivais à Turin, le peuple répétait : « *O come e brutta,* » ô comme elle est laide.

Clotilde reçut l'accueil le plus flatteur, elle sut gagner tous les cœurs et son époux l'adorait.

CHARLES-EMMANUEL
1796-1802

Charles-Emmanuel devint roi en 1796, par l'abdication de son beau-père ; les malheurs de la France l'accablèrent de douleur. Le directoire ayant déclaré la guerre au Piémont, le roi fut contraint de quitter ses états, après la bataille de Novi ; il vint à Naples, où Ferdinand IV régnait encore, puis à Rome rejoindre son père et ses frères. Victor-Amédée ne tarda pas à finir dans les bras de la religion une carrière toute consacrée à la vertu. Charles-Emmanuel fut atteint d'une maladie nerveuse des plus dangereuses et sa pieuse épouse lui donna les plus tendres soins. Le roi de Piémont abdiqua en faveur de son frère Victor-Emmunuel Ier, et mourut peu après. La sainte reine Clotilde survécut peu à son mari, et sa famille eut le bonheur de lui voir donner le titre de vénérable par le pape Pie VII, en 1808.

VICTOR-EMMANUEL Ier
1802-1821

Après la chute du colosse qui ébranla toute l'Europe et renversa tant de trônes, les Bourbons rentrèrent en France et à Naples, et la maison de Savoie à Turin. Victor-Emmanuel ne vécut que peu d'années après être monté sur le trône de ses pères , laissa la couronne à son plus jeune frère,

Charles-Félix, et mourut comme Charles-Emmanuel IV dans l'exercice de toutes les vertus.

CHARLES-FÉLIX
1821-1831

Charles-Félix fit oublier dans un règne plein de bonté et de douceur les orages révolutionnaires ; il répara l'abbaye d'Hautecombe et voulut y être enterré avec Christine de Naples, son épouse. Le roi de Piémont n'ayant point eu d'enfant comme ses frères, son cousin Charles-Albert de Carignan lui succéda en 1831. Il fit sans succès la malheureuse guerre de Lombardie et mourut en 1849, laissant la réputation d'un prince courageux, d'une piété austère. Victor-Emmanuel II fils de Charles-Albert est aujourd'hui sur le trône de Sardaigne et de Piémont.

TABLE

BOURG, IMPRIMERIE J.-M. VILLEFRANCHE